每代人都要走好
自己的长征路。

——习近平

长征精神代代传 丛书

信仰的力量

陈劲松 编著

丛书编委会

主编：朱贵平
编委（按姓氏笔画顺序）：

朱贵平　吴玫　陈劲松　陈虎山　陈金庞

时代出版传媒股份有限公司
安徽教育出版社

图书在版编目（CIP）数据

信仰的力量 / 陈劲松编著. —合肥：
安徽教育出版社，2016
（长征精神代代传丛书 / 朱贵平主编）
ISBN 978-7-5336-8428-0

Ⅰ.①信… Ⅱ.①陈… Ⅲ.①中国工农红军长征—青少年读物 Ⅳ.①K264.409

中国版本图书馆 CIP 数据核字（2016）第 236739 号

信仰的力量
XINYANG DE LILIANG

出 版 人：费世平
质量总监：姚　莉
选题策划：杨多文　王宗琦
责任编辑：邵　旻
装帧设计：许海波
责任印制：李松伦

出版发行：时代出版传媒股份有限公司　安徽教育出版社
地　　址：合肥市经开区繁华大道西路 398 号　邮编：230601
网　　址：http://www.ahep.com.cn
营销电话：(0551)63683011，63683013
排　　版：安徽时代华印出版服务有限责任公司
印　　刷：合肥市宏基印刷有限公司

开　　本：650×960　1/16
印　　张：8.375
字　　数：110 千字
版　　次：2016 年 10 月第 1 版　2021 年 6 月第 6 次印刷
定　　价：20.00 元

（如发现印装质量问题，影响阅读，请与本社营销部联系调换）

序

　　红军长征是中国共产党及其领导的中国工农红军谱写的壮丽史诗,创造了人类历史上的奇迹。长征更是中国共产党领导中华优秀儿女在寻求中华民族复兴的伟大征程中,人类精神和意志的一次伟大远征。长征铸就了伟大的长征精神,这就是:把全国人民和中华民族的根本利益看得高于一切,坚定革命理想和信念,坚信正义事业必定胜利的精神;为了救国救民,不怕任何艰难险阻,不惜付出一切牺牲的精神;坚持独立自主、实事求是,一切从实际出发的精神;顾全大局、严守纪律、紧密团结的精神;紧紧依靠人民群众,同人民群众生死相依、患难与共、艰苦奋斗的精神。

　　长征精神是中国共产党人和人民军队革命风范的生动反映,是中华民族百折不挠、自强不息的民族品格的集中展示,是以爱国主义为核心的民族精神的最高体现。长征精神与井冈山精神一脉相承,薪火相传。回顾历史,无论是抗日战争时期、解放战争时期、社会主义革命和建设时期,还是改革开放时期,长征都迸发出一种绵延不绝的精神力量,给人以无穷的信心、勇气和智慧,为中国革命、建设和改革事业从胜利走向胜利提供源源不断的强大精神动力。每代人都以自己独有的方式,坚定地走完自己的长征路,呈现出长征精神代代传、代代新,"长征永远在路上"的鲜明特色。

如今,战争的烽火硝烟已经远去,长征已成为中华民族永不磨灭的红色记忆,长征精神已凝成中华民族代代相传的红色基因。在进行中华民族伟大复兴的新长征中,长征精神熠熠生辉。"长征精神代代传丛书"试图将长征精神在各个历史时期的传承和表现,通过生动故事展示出来,彰显长征精神的生命力,彰显中国共产党人的理论自信、道路自信、制度自信、文化自信,并激励读者朋友缅怀先烈、不忘初心,弘扬红色传统,传承红色基因,走好新的长征路,用实际行动续写前辈震古烁今的动人故事,延展中华民族复兴的光辉篇章。

丛书编委会

2016 年 9 月

前　言

从 1936 年到 2016 年，80 年风雨沧桑，80 年探索奋斗，喜悦与泪水并存，成就与教训交替，这是中国人民自强不息的 80 年，这是中华大地天翻地覆的 80 年。在中国共产党的领导下，中国人民站起来、富起来、强起来了！

82 年前，一支衣衫褴褛的部队踏上北上抗日的征途，从瑞金到陕北，前有荷枪实弹的堵军，后有铺天盖地的追兵，上有狂轰滥炸的飞机，下有一条条波涛汹涌的江河、一座座巍然耸立的雪山、一片片茫茫无际的草地……就是在这"敌军围困万千重"的艰难逆境中，中国工农红军革命理想比天高，以坚定的革命信念、伟大的牺牲精神，塑造了革命队伍的军魂，创造了伟大的奇迹：爬雪山、过草地、涉沼泽、眠雪野、食草根，艰难跋涉二万五千里，翻越 18 座高山，渡过 24 条江河，转战十几个省份，从一百多万敌人的围追堵截中杀出一条生路，取得了最后的胜利。"长征是宣言书，长征是宣传队，长征是播种机"，长征锻造了一支伟大的军队，更创造了伟大的长征精神。长征的胜利，是精神的胜利，是信仰的胜利！

长征途中，面对牺牲，红军将领高喊的是"同志们跟我上"；面对饥饿,红军将士对所经地区的百姓秋毫无犯;面对同志,红军将士舍命相护,不离不弃;面对伤病,红军将士将生死置之度外,一路战斗,从未懈怠……这就是共产党人的信仰!

面对祖国的积贫积弱,面对祖国的深重苦难,中国人民不屈不挠,他们在中国共产党的领导下,挺起脊梁、奋起抗争,打败了日本帝国主义,推翻了国民党反动统治,完成了新民主主义革命,建立了中华人民共和国,确立了社会主义制度。

在80年波澜壮阔的历史进程中,中国共产党紧紧团结人民,依靠人民,坚定马克思主义信仰,跨过一道又一道难关,取得一个又一个胜利,为中华民族做出了伟大贡献。80年来,一代又一代优秀的中国共产党人为祖国和人民无私奉献,生动展示了共产党人的为民情怀、高尚情操。今天,我们重温伟大的长征精神,就是坚持不忘初心、继续前进,坚持马克思主义信仰不动摇,坚持马克思主义的指导地位,坚持把马克思主义基本原理同当代中国实际和时代特点紧密结合起来,去实现中华民族伟大复兴的中国梦!

目录

长征篇(1934年10月—1936年10月)

长征的航灯毛泽东 ……………………………… 003
"群众领袖"刘志丹 ……………………………… 006
红色银行家毛泽民 ……………………………… 009
"忠心耿耿"关向应 ……………………………… 012
长征途中牺牲的红军最高将领邓萍 …………… 015
"从奴隶到将军"的罗炳辉 ……………………… 018
长征路上尝百草的张思德 ……………………… 021
长征途中最小的红军战士向轩 ………………… 024

抗日战争篇(1937年7月—1945年8月)

血洒新疆的陈潭秋 ……………………………… 029
大义凛然王若飞 ………………………………… 032
"党之模范"左权 ………………………………… 035
两次入党的叶挺 ………………………………… 038
"一世忠贞"彭雪枫 ……………………………… 041
"白山黑水"民族魂赵一曼 ……………………… 044

解放战争篇(1945年8月—1949年9月)

"炮兵之父"朱瑞 ………………………………… 049
傲雪红梅江竹筠 ………………………………… 052
"现代花木兰"郭俊卿 …………………………… 055

"永不消逝的电波"李白 ………………………………… 058
"为工人阶级牺牲"的王孝和 ……………………………… 061
"生的伟大,死的光荣"刘胡兰 …………………………… 064

社会主义革命和建设篇(1949年10月—1978年12月)

"惹不起"的张爱萍 ………………………………………… 069
"中国航天之父"钱学森 …………………………………… 072
"两弹元勋"邓稼先 ………………………………………… 075
"科学救国"的竺可桢 ……………………………………… 078
永远的雷锋 ………………………………………………… 081
县委书记的好榜样焦裕禄 ………………………………… 084
"铁人"王进喜 ……………………………………………… 087
献身真理的张志新 ………………………………………… 090

改革开放篇(1978年12月—)

"杂交水稻之父"袁隆平 …………………………………… 095
气象宗师叶笃正 …………………………………………… 098
"中国肝胆外科之父"吴孟超 ……………………………… 101
"航天英雄"杨利伟 ………………………………………… 105
"当代保尔"张海迪 ………………………………………… 108
"雷锋传人"郭明义 ………………………………………… 111
"魔芋大王"何家庆 ………………………………………… 114
"人民的孺子牛"牛玉儒 …………………………………… 117
无私奉献的杨善洲 ………………………………………… 120
女神警任长霞 ……………………………………………… 123
"泥脚书记"邓平寿 ………………………………………… 126
"铁法官"谭彦 ……………………………………………… 129

结 语 ……………………………………………………… 132

长征篇

(1934年10月—1936年10月)

  遵义会议确立了毛泽东在党和红军中的领导地位,在关键时刻挽救了红军、挽救了党、挽救了中国革命;刘志丹浴血奋战,创建了西北革命根据地;作为军团参谋长,邓萍身先士卒,向娄山关发起攻击;为了给战友们提供安全的充饥野菜,张思德一次又一次与死神擦肩而过;9岁的小向轩跟随舅舅贺龙爬雪山、过草地,没叫一声苦、一声累……红军将士不屈不挠,为翻开新的历史篇章,不惜洒热血、抛头颅!

长征的航灯毛泽东

在震惊世界的二万五千里长征中，遵义会议排除党内"左"倾教条主义和右倾分裂主义的干扰，确立了毛泽东在党和红军中的领导地位，在关键时刻挽救了红军、挽救了党、挽救了中国革命，赢得了长征的胜利，实现了中国革命的伟大转折。

由于第五次反"围剿"的失败，中央红军被迫于1934年10月踏上长征之路。11月底12月初，中央红军经过浴血奋战，终于突破了国民党军的湘江封锁线，但伤亡惨重，由出发时的8.6万余人锐减为3万余人。12月11日，中央红军占领湖南通道县城。蒋介石再次集结40万大军，要在此彻底消灭中央红军。面对如此严峻的形势，如果再坚持北上湘西与红二、六军团会师，中央红军就极有可能被国民党军一网打尽。关键时刻毛泽东再次站出来，"力主放弃会合二、六军团的企图，改向敌人力量薄弱的贵州前进"。毛泽东的正确主张得到了大多数中央领导的支持，广大红军指战员更是积极响应，士气昂扬，一举攻克黎平。在黎平，中共中央政治局召开会议，讨论红军的前进方向，但中央"左"倾主义路线的领导人博古、李德仍固执己见，坚持去湘西同红二、六军团会合。经过激烈争论，与会者肯定了毛泽东的正确主张，否定了博古、李德的错误意见，决定中央红军继续向敌人力量薄弱的贵州前进。由此，中央红军实现了长征以来战略方针的首次转变，正如刘伯承所说，当时"如果不是毛泽东坚决主张改变方针，所剩3万多红军的前途只有毁灭"。

博古、李德的"左"倾路线使得红军屡遭重创，广大红军指战员对错误路线的怀疑、不满和要求改变领导的情绪在不断滋长,中央领导层也心存忧虑。张闻天对博古、李德提出了尖锐的批评,彭德怀更是气愤地指责博古、李德的瞎指挥是"崽卖爷田心不疼"。长征之初,毛泽东虽然被解除军权,但本着对中国革命高度负责的精神,他仍经常与中央领导人和红军高级将领谈心,交换意见。在毛泽东的努力下,在张闻天、周恩来、朱德、王稼祥等人的支持下,中共中央政治局扩大会议于1935年1月在遵义召开。毛泽东在会上做了重要发言,着重批判第五次反"围剿"和长征以来博古、李德在军事指挥上的错误,将马列主义的普遍真理和中国革命的具体实践有机结合,阐述了中国革命战争的正确战略战术,指明了今后的前进方向。遵义会议是党的历史上一个生死攸关的转折点。周恩来曾指出,毛泽东在遵义会议上"拨转了航向,使中国革命在惊涛骇浪中得以转危为安,转败为胜"。

遵义会议后,毛泽东在敌我力量悬殊、环境险恶的情况下,运筹帷幄,以高超的军事指挥艺术,巧妙地牵制、打击国民党军队,指挥红军纵横驰骋于川滇黔地区,四渡赤水,威逼贵阳、昆明,最后巧渡金沙江,跳出了国民党军的重重包围。

1935年6月,经过艰苦的行军和残酷的战斗,红一、四方面军在懋功胜利会师。毛泽东根据当时的国际国内形势,主张红军继续北上,到接近抗日前线的川陕甘地区建立抗日根据地,肩负起领导全国抗日运动的历史重任。然而,红四方面军领导人张国焘极力反对,主张红军要避开国民党精锐胡宗南部,去川康

长征途中毛泽东与
张闻天(左)在一起交谈

建立根据地。中共中央政治局开会否决了张国焘的逃跑主义路线，肯定了毛泽东的正确主张。但是，张国焘以种种借口拖延红四方面军北上，最终贻误战机，致使红军夺取松潘的计划无法实现。面对错综复杂的严峻局势，中共中央政治局在毛儿盖召开会议，批评张国焘的右倾错误，重申北上战略方针。1935年8月，由红一、四方面军混合组编的左、右路军分别抵达阿坝、班佑地区。其时，率领左路军的张国焘拒绝执行中央关于向右路军靠拢的决定，并密电右路军南下，企图危害中央。幸亏叶剑英获得密电并及时报告毛泽东，从而避免了红军自相残杀的悲剧发生。

　　1935年10月，毛泽东率红一方面军到达陕北吴起镇，胜利结束长征。到达陕北之初，红军给养困难，兵员不足，周围敌情严重。为巩固和扩大根据地，毛泽东于1936年2月率红一方面军发起东征战役，5月又实施西征战役，并注重做好东北军、西北军的抗日民族统一战线工作。而在张国焘的错误领导下，红四方面军在半年时间里由8万余人锐减到不足4万人，在国民党军的围追堵截中被迫撤至甘孜地区。此时，撤离湘鄂川黔根据地开始长征的红二方面军，在贺龙、任弼时等人的率领下已北渡金沙江，正向甘孜地区前进。同时，因为两广事变的爆发，蒋介石将胡宗南部由陕甘地区调往湖南。中央审时度势，做出红军三大主力会师的战略决策。在中央的严厉督促下，在红四方面军广大指战员的强烈要求下，经过朱德等人的坚决斗争，1936年10月9日，张国焘率领红四方面军同红一方面军在会宁县会师。10月22日，红二方面军冲破国民党军的重重阻拦，在甘肃德隆县西北的将台堡地区同红一方面军会师。

　　红一、二、四方面军在会宁和将台堡地区的会师，标志着红军长征的胜利结束。

"群众领袖"刘志丹

刘志丹

刘志丹青年时期就投身革命。1925年,刘志丹加入中国共产党。同年秋天,刘志丹入黄埔陆军军官学校学习。大革命失败后,他和谢子长等领导创建了西北红军和西北革命根据地。

刘志丹常说:"革命需要建立统一战线,敌人越少越好,朋友越多越好。我们增加一分力量,敌人就减少一分力量。"为此,在创建根据地的过程中,他创造性地提出"三色"并用的统战理论。首先是"红色",就是广泛发动工农群众反抗反动统治,点燃星星之火,再把分散的、弱小的群众武装集中起来建立地方游击队,发展壮大后再上升为正规红军。这是进行革命战争的基础。其次是"白色",就是派共产党员到国民党军中开展兵运工作。这也是刘志丹发展革命武装的大胆尝试。他曾多次打入国民党军中,宣传革命思想,策动国民党士兵起义,壮大革命力量,并因此多次被捕,在党组织和南汉宸、杜斌丞等社会知名人士的营救下才获得释放。他就是用这种方式,将家乡保安县的民团改造成了听党指挥的革命武装。第三是"灰色",就是针对陕甘地区不少贫苦民众由于生活所迫,被官府"逼上梁山",不得不铤而走险呼啸于山林,同官僚军阀、地主豪绅做斗争的情况,积极派人去争取、教育和改造这些绿林武装。

同时，刘志丹又以"三窟"理论开辟西北革命根据地。刘志丹曾对习仲勋说："几年来，陕甘地区先后举行过大大小小七十多次兵变，都失败了。最根本的原因，就是军事运动没有同农民运动结合起来，没有建立起革命根据地。"为探索"以农村包围城市"的革命道路，他明确提出"向井冈山学习"，实行"工农武装割据"，采取"狡兔三窟"的办法，领导西北革命军民，经过艰苦努力和浴血奋战，先后创建了以照金、南梁为中心的陕甘边革命根据地。他常常同根据地的农民、战士坐在一起，吸着旱烟袋，谈笑风生，大家都亲切地叫他"老刘"。毛泽东对此给予了高度评价："刘志丹创建的陕甘边根据地，用'狡兔三窟'的办法，创出局面，这很高明。"

1935年9月，刘志丹获悉徐海东、程子华等率红二十五军由鄂豫皖苏区经陕南长征到达陕北保安，非常兴奋。他认为，这是事关战略全局的大事。他亲自起草《欢迎红二十五军的指令》，召开西北红军干部会议，指出红二十五军到达陕甘根据地是一件大喜事，革命的力量更加强大了，要求大家要有革命的大局观，坚决不能有本位主义。陕甘边苏维埃政府主席习仲勋、革命军事委员会主席刘景范前往迎接红二十五军。陕北群众也像接待亲人一样，腾出房子、碾米磨面，送来猪羊，热情慰劳。陕北红军同红二十五军会师后合编为红十五军团，由徐海东任军团长，刘志丹任副军团长兼参谋长。当时，中央红军长征已进入甘肃，越过六盘山。为阻止中央红军和西北红军会师，蒋介石调集十万之众，向陕甘革命根据地发动了规模空前的第三次"围剿"，妄图一举摧毁这最后一块红色根据地。被人们称为"活地图"的刘志丹，积极协助军团长徐海东指挥了著名的劳山战役，全歼敌人两个团及一个师直属队，击毙敌师长何立中，给敌人的"围剿"以迎头痛击。

就在陕甘革命根据地的建设和武装斗争不断取得胜利之时，王明"左"倾路线在陕甘的执行者发动了错误的"肃反"，逮捕了刘志丹、习仲勋、刘景范等诸多陕甘党和红军的领导干部，并杀害了其中一大批革命干部。这使陕甘革命根据地陷入严重的危机。就在这千钧一发的时刻，1935年10月，中共中央和毛泽东率领中央红军到达了陕甘根据地的吴起镇。当了解到根据地存在的严重错误后，毛泽东立即下令"刀下留人""停止捕人"，要求释放刘志丹等被捕的同志并恢复他们的工作。刘志丹被释放后，毛泽东亲切接见了他，紧紧握住他的手说："是你们创造和保存了这块根据地，才使党中央有了落脚点。不然的话，我们还不知道要到哪里去落脚哩！"

此后，陕甘革命根据地成为中共领导的敌后抗战的发源地，并发展成为中国革命的大本营。

同中央红军会师后，刘志丹再三要求广大西北红军指战员革命利益高于一切，要"绝对服从中央的领导，听从中央的调遣"。在他的带领下，西北红军同到达陕北的各路红军亲密无间，情同手足，并肩战斗。1936年4月，刘志丹率领红二十八军参加东征战役，在晋西中阳县三角镇与敌军作战时，中弹牺牲，年仅33岁。刘志丹牺牲后，毛泽东亲笔为他题词："群众领袖，民族英雄。"

红色银行家毛泽民

毛泽民是毛泽东的大弟,在哥哥的谆谆教诲下,毛泽民逐渐明白了革命道理,坚定了革命理想,决定投身革命,并于1922年加入中国共产党。

1931年秋,毛泽民负责筹建中华苏维埃国家银行,并担任第一任行长。当时的国家银行仅有五人,即出身农民的毛泽民,当过店员的曹菊如、赖永烈,在英资银行干过信件传递员的莫均涛,在中央出版部当过发行科科长、交通员的钱希均。

毛泽民

这五个人就是中央苏区千挑万选出来的跟银行"沾过边"的人才。正是他们,在瑞金叶坪村的农家小屋里,开始了苏维埃国家银行从无到有的艰难创业,奠定了新中国银行事业的基础。

为筹集国家银行的启动资金,国家银行组织没收征集委员会,随部队到前方筹粮筹款。1932年4月,毛泽东指挥漳州战役胜利后,毛泽民也随军来到漳州,走街串铺,宣传红军的政策。红军不仅得到大批军用物资,还筹得一百多万大洋。毛泽民决定建立一个秘密金库来存放这笔资金。他们在石城县烂泥垄村找到一座靠山的房子,紧靠房后的山坡上开有一个地窖,这个地窖空间不大,十分干燥。地窖前的房子既可以提供掩护,又可以由专人看守。毛泽民遂将秘密金库的地址选在此处。为保密起见,他组织四批红军战士来运送这笔革命储备金,每批战士只运送一段路程。抵达后,参与运送的战士全部撤离,另换一批战士守卫。1934年10月,红军被迫撤离中央苏区进行长征时,这笔资金发挥了重要作用。

第三次反"围剿"后,国民党军队对中央苏区实行更加严密的经济封锁,致使苏区物资匮乏,物价飞涨,纸币贬值。同时,国民党为摧毁苏区经济,四处造谣破坏,还制造了大量假币。随着大量假币流入苏区,苏区的金融市场受到了干扰,苏维埃国家银行发生了严重的挤兑风潮。为保证国家银行和苏区货币的信誉、维护苏维埃政权的权威,毛泽民坚持凡是来要求兑换现洋的,银行要保证等额兑换。为提高纸币信誉、重振民众信心、稳定金融市场,毛泽民决定唱一出"空城计"。在他的精心策划下,瑞金县城的街道上出现了红军箩筐运输队,箩筐里或装满金砖、金条、金项链、金戒指、金耳环、银手镯、银项圈、银锭,或整整齐齐地码着光洋,场面十分壮观。围观的老乡兴奋不已,齐口夸赞苏维埃国家银行真有钱,不怕兑不了现大洋。挤兑的群众逐渐散去,而红军在反"围剿"中缴获的银圆以及棉布、食盐等大批日用物资也已被运回。红军于是把这些物资搬进苏维埃合作社出售,并标明"只收纸币,不收现洋"。群众纷纷赞叹苏维埃纸币的坚挺,又赶紧捧着现洋到国家银行兑换纸币,去购买所需物品。这样下来,国家银行收回的现洋比兑换出去的还多。

1934年10月,由于第五次反"围剿"失利,中央红军被迫开始长征,毛泽民领导的国家银行被编为中央纵队第十五大队。他们把全部家当挑在肩上,开始"扁担银行"的长征。第十五大队除了负责保护、运输国家银行尚存的金银、物资外,还负责筹粮筹款,保障全军在长征路上的粮草供给。

1935年1月,中央红军进驻遵义。当时遵义市面上只流通银圆。毛泽民与十五大队大队长曹根全商量,决定趁红军休整之机,发行国家银行的纸币,以补充红军急需物资,但绝不能让群众遭受损失。由于遵义的食盐长期以来为军阀、官僚、奸商所垄断,价格昂贵,毛泽民遂将没收的当地军阀王家烈囤积的大量食盐以低价卖给民众,但规定只收苏维埃国家银行发行的纸币。当地民众纷纷将自己的物品卖给红军,获得国家银行发行的纸币,再用纸币去购买从未有过的低价食盐,从而形成一个货币流通的良性循环。

1935年10月,红一方面军到达陕北,取得了长征的胜利。国家银行跟随毛泽民一起长征的14人,到达陕北时只剩下毛泽民、钱希均、曹菊如等8人;第十五大队出发时的一百多个运输队员,只剩下挑着国家银行文件资料和黄金珠宝的邱端阳和黄德泉这两个班长。到达陕北后,毛泽民出任工农民主政府国民经济部部长,继续为革命操持财经工作。

1937年年底,毛泽民积劳成疾,中央安排他到苏联养病和学习。当时去苏联要取道新疆,到了新疆后,应当时与苏共关系密切的新疆省政府主席盛世才要求,毛泽民等人经中央批准留在新疆工作。1942年,盛世才转而投靠南京国民政府,毛泽民等共产党员被逮捕,受尽摧残而不屈。次年9月,毛泽民等共产党员被盛世才秘密杀害。

"忠心耿耿"关向应

关向应

1902年9月,关向应出生于辽宁金县一户满族农民家庭。他青年时期就积极追求进步,1925年加入中国共产党。他长期与贺龙并肩战斗,是人民军队卓越的政治工作领导者。

1932年1月,关向应调任湘鄂西中央分局委员、红三军政委。当时的红三军,外有国民党几万大军的"围剿",内有夏曦(时任中央军委湘鄂西分会主席、湘鄂西中央分局书记)的"肃反"扩大化,军事首长贺龙被排挤。内忧外患使得红军元气大伤,红军不得不从洪湖突围出来,转战在湘鄂西一带,几万人马只剩五六千人。面对如此严峻的形势,关向应召开红三军干部大会,以军委分会主席的身份告诉大家:"贺龙同志是我们党的一位军事家,曾经参加并领导过南昌起义,为革命做出过重大贡献,党是相信他的。"他代表中央宣布,恢复红三军领导机构,贺龙仍任军长。在贺龙、关向应的努力下,被夏曦解散的红三军党组织开始重新建立,被取消的政治机关也开始恢复工作。关向应每天都深入部队调查研究,为重新登记党员、配备政工干部,做了大量艰苦细致的工作。关向应的做法迅速稳定了红三军的军心。红三军连战连捷,使根据地的面积扩大了一倍,红军武装发展到三万多人。关向应赢得了红三军广大指战员的信任与尊敬。

1934年10月,红三军与由任弼时、萧克、王震率领西征的红六军团在贵州松桃县会师。任弼时宣读中共中央为两军会师发来的贺电,贺电命令红三军恢复红二军团番号,任命贺龙为军团长、任弼时为红六军团政委兼红二军团政委、关向应为红二军团副政委。两军团团结友爱,坚决执行中共中央的正确路线,建立了湘鄂川黔革命根据地,并在根据地建立民主政权,实行土地改革。

1935年9月,蒋介石调集一百多个团向湘鄂川黔革命根据地发动新的"围剿",形势非常严峻。11月,为争取战略主动,关向应同任弼时、贺龙率领红二、六军团开始战略转移,踏上长征路。

长征开始前,关向应就有针对性地对干部、战士反复进行政治动员和思想发动。长征途中每当遇到艰难险阻,他总以高昂的战斗激情和必胜的信心,向干部、战士讲述党和红军的光荣使命,分析革命征途中的有利条件和困难,用英雄模范人物和革命先烈的光荣事迹鼓舞士气。

一路上,他无微不至地关怀着每一位指战员。他经常把自己的战马让给受伤或生病的战士骑,自己走在队伍中间,边走边给战士们讲革命故事,鼓励大家前进。生病的战士看着瘦骨嶙峋的关向应,都不愿意骑他的马,他们说:"首长身体不好,步行把身体累坏了怎么办?"他风趣地说:"你们都累垮了,我还给谁当首长呢?"并问身边的一位战士:"你是如何参军的啊?"战士回答:"自愿参军的。"他又问:"国民党的兵呢?"战士们齐声回答:"都是抓去的。"关向应笑了,对大家说:"我们的军队和国民党的军队有着本质的区别。官兵平等,互帮互爱,这是我党我军的性质所决定的。"最后,他语重心长地叮嘱大家:"以后你们当了干部,可千万要爱护战士们啊!"有时候,总指挥部发给他一袋炒面,他就分给大家吃。吃完了,大家一起挖野菜充饥。他见有些新战士鞋子坏了,赤脚走路,就说:"骑兵靠马,步兵靠脚,脚坏了,还怎么打仗啊。"然后他就带领老战士帮助新战士打草鞋。甘孜会师后,红四方面军送给关向应一顶帐篷。他从来没有一个人住过，总是把警卫员、炊事员、饲养员和生病的战士叫进去，将小小的帐篷挤得满满的。

　　1936年7月，历尽艰辛的红二、六军团与红四方面军在甘孜会师。按中共中央指令，红二、六军团合编为红二方面军，贺龙任总指挥，任弼时任政委，关向应任副政委。会师后，关向应与朱德、刘伯承、任弼时、贺龙一起旗帜鲜明地同张国焘分裂党、分裂红军的行为进行坚决斗争，这对推动红二、四方面军共同北上，发挥了重要作用。

　　全面抗战爆发后，关向应与贺龙率部开赴晋西北抗日前线，大力发动群众，广泛开展游击战争，迅速创建了在整个抗日战争中发挥了巨大作用的晋绥抗日根据地。由于长期戎马征战，关向应积劳成疾。在毛泽东、朱德等中央领导的多次催促下，1941年秋，关向应回到延安休养，但他仍十分关心部队建设，盼望着自己能重返战场。1946年7月21日，关向应在延安病逝，年仅44岁。毛泽东悲痛题写挽词："忠心耿耿，为党为国，向应同志不死！"高度评价了关向应的一生。

长征途中牺牲的红军最高将领邓萍

邓萍

1959年,彭德怀曾深情地说:"邓萍这个人是值得纪念的!"邓萍是谁?彭德怀为什么会说出这样的话呢?

邓萍,原名邓少章,1908年生于四川富顺县。邓萍自幼聪明过人,学业优异,因目睹广大农民受地主、资本家压迫的现实而萌生反抗意识。1927年,邓萍前往武汉考入黄埔军校武汉分校,在校期间加入中国共产党。"七一五"事变后,邓萍受中央委派前往湖南第五师第一团开展兵运工作,与彭德怀、张荣生、李光组建一团党支部,并任支部书记,负责党内接洽工作。1928年7月22日,邓萍与彭德怀、滕代远等发动平江起义。平江起义后,湖南军阀纠集6个团的兵力进行围攻。8月1日,红五军撤出平江县城,转战于湖南平江、浏阳、江西万载、修水、铜鼓,湖北通山一带,进行游击战争,开辟了湘鄂赣革命根据地。

1928年12月,由彭德怀、滕代远、邓萍率领的红五军主力,冲破敌人的重重堵截,来到宁冈新城,与正在这里进行冬季整训的红四军胜利会师。红五军和红四军的会师,是继"朱毛会师"之后的又一重要会师,增强了井冈山革命根据地的力量。会师后,为打破敌人对井冈山的"围剿",解决部队的过冬给养问题,经两军联席会议研究决定,红四军跳出井冈山向赣南挺进,红五军留守井冈山。

红四军下山后的第三天,敌人以10个团的重兵围攻井冈山。按照邓萍的部署,红五军冲出敌人的重围,辗转兴国,突袭于都。三个月后,红五军回师井冈山。1930年6月,红五军扩编为红三军团。彭德怀任军团长,邓萍任军团参谋长兼红五军军长。8月,红一、三军团在浏阳会师,组建红一方面军。1930年年底,针对蒋介石的军事"围剿",邓萍协助彭德怀指挥红三军团,同红一军团和兄弟部队并肩作战,歼敌1.5万人,缴获武器1.2万多件,活捉了国民党师长张辉瓒,取得了第一次反"围剿"胜利。1931年秋,红一方面军取得了第三次反"围剿"的胜利,全军进入休整阶段。遵照中央命令,邓萍来到瑞金,担任刚刚组建的中央红军军事政治学校教育长。完成任务后,在彭德怀的电话催促下,邓萍返回红三军团,继续担任军团参谋长兼红五军军长。

　　1933年夏末,不甘心四次"围剿"失败的蒋介石,纠集百万兵力,在飞机大炮的配合下,采取"步步为营,稳扎稳打"的战术,向中央苏区发起了第五次"围剿"。在博古、李德的军事冒险主义和保守主义的错误指挥下,中央苏区第五次反"围剿"失败,中央红军不得不进行战略转移。1934年10月,红一方面军开始长征。彭德怀、邓萍率红三军团担任右前卫,负责掩护中央机关和中央红军主力转移。

　　1935年1月遵义会议后,红三军团按照中革军委的部署,撤出遵义地区,一渡赤水,进入四川古蔺、叙永地区。接着,红三军团挥师东进,二渡赤水,进抵娄山关下。这时,贵州军阀王家烈以重兵控制了娄山关至遵义一线,妄图阻拦红军回师遵义。红三军团此战不仅要拿下娄山关,打通去遵义的通道,而且要将山上的敌人全部消灭,避免其逃进遵义城,给红军下一步作战增加困难。为此,邓萍亲临前沿阵地指挥,命令红十一团首先从娄山关左翼迂回到山后断敌退路,红十团、十三团再分别从正面和右翼发起进攻。邓萍集中了全军团的迫击炮,向敌人阵地齐射,战士的呐喊声和隆隆的爆炸声此起彼伏,回荡在山峦沟壑之间。不到两个小时,娄山关的主峰上便飘起了红旗。随后,红三军团向遵义方向迅猛推进,一鼓作气抢占遵义新城及城边村落。当时,遵义城分为新城和老城,以一条河流为分界线。新城在东,没有城墙;老城在西,有内外城墙。1935年2月26日,为夺取遵义战役的全面胜利,邓萍指挥红十一团担任前卫,决定攻占遵义老城。27日黄昏,邓萍与红十一团团长张爱萍、团参谋长蓝国清冒着敌人的枪林弹雨,率领部队突进到遵义老城北门外的前沿阵地。部队隐蔽好后,他们悄悄运动到距护城河50米远的一个小土坡上,借着灌木丛的掩护,观察敌情,寻找进攻的路线。这个距离比一线步兵班的冲锋发起阵地还要靠前,蓝国清曾建议转移,邓萍没有同意,因为这里便于观察。但谁也没想到的是,一个小通信员居然从后面摸上来,要报告军情。邓萍对他交代了几句,那个小战士就趁着薄暮飞身跑回,这一下却把他们暴露了。敌人一排枪弹扫过来,一颗子弹击中了邓萍的头部,邓萍当场壮烈牺牲,年仅27岁。

　　战友们呼喊着"为参谋长报仇",在拂晓前攻占了遵义老城。战后,张爱萍怀着十分沉痛的心情,挥笔为邓萍写下挽诗一首:"长夜沉沉何时旦?黄埔习武求经典。北伐讨贼冒弹雨,平江起义助烽焰。围剿粉碎苦运筹,长征转战肩重担。遵义城下洒热血,三军征途哭奇男。"

"从奴隶到将军"的罗炳辉

罗炳辉

电影《从奴隶到将军》曾经教育和鼓舞了一代人,剧中主人公罗霄的原型就是罗炳辉将军。

罗炳辉出生在云南彝良一个贫苦家庭,18岁入滇军当兵,因作战勇敢升至营长,参加了讨袁护国战争和北伐战争。1929年7月,罗炳辉秘密加入中国共产党。11月,罗炳辉在江西吉安率领靖卫大队官兵起义,参加中国工农红军,为赣西革命根据地的巩固和扩大立下功劳。

1930年长汀会议后,罗炳辉被任命为红九军团军团长。1934年第五次反"围剿"失败,红军开始二万五千里长征。长征中,罗炳辉率领红九军团先后隶属于红一、二、四方面军,担任全军后卫。他们机动灵活,神出鬼没,屡次往返于雪山草地之间,沉重打击了敌人的嚣张气焰,保存了实力,发展了部队。红九军团因此被称为"特别支队"和"战略轻骑",罗炳辉本人则被誉为全军中的"神行太保"和"神枪手"。毛泽东评价他"战争经验丰富,有军事才能,很会打仗"。蒋介石对罗炳辉十分忌惮,曾三次悬赏缉拿罗炳辉,赏银为8万大洋,甚至高过了悬赏周恩来的5万大洋。

1935年5月,罗炳辉率红九军团进入彝族人民散居的大凉山地区。他们召开动员会,印发宣传品,宣传中国共产党的民族政策,并打败了尾追的敌人。彝族人民看到红军打败了压迫他们的反动军队官兵,才确信红军是自己的队伍,消除了疑虑。在此基础上,罗炳辉又邀请有地位的彝族人喝酒吃饭,当面向他们宣传中国共产党的政治主张和少数民族政策,宣传红军过境是为了北上抗日和打倒国民党反动派,并在饭后送给他们1000银圆以及各色布匹、烟土等,使他们进一步增强了对红军的信任。一位彝族老人双手捧着一碗酒递给罗炳辉,在罗炳辉喝了三口后,老人高兴地说:"这才像是一家人嘛!"彝族同胞阿尔吉要求参加红军,罗炳辉问他:"你家里的亲人同意你参加红军吗?"阿尔吉说:"我是孤儿,阿爸被川康军杀害了,阿妈病死了……我要为阿爸报仇。"罗炳辉拉着他的手说:"这个仇一定要报。只有消灭反动派,打败日本帝国主义,彝族和各族人民才能彻底解放。"在阿尔吉的一再请求下,罗炳辉批准了他的要求。在彝族同胞的带领下,罗炳辉率领红九军团顺利地通过了凉山彝族地区,与中央主力红军在将台堡、会宁城会师。

抗战爆发后,罗炳辉告别延安,奔赴华中抗日前线,担任新四军第一支队副司令员,与司令员陈毅并肩战斗。1939年,罗炳辉随叶挺北渡长江,任新四军江北指挥部副总指挥兼第五支队司令员。皖南事变后,为了打击日军对根据地的扫荡,罗炳辉根据皖东和洪泽湖一带的地形,创造了一套套以诱敌、迷敌、扰敌、奇袭、反击、歼灭等为内容的游击战术。尤其是他独创的"梅花桩战术",多次以少胜多,战绩卓著,为新四军提供了大量的装备支持。

1941年,罗炳辉率部抵达六合,以巩固与发展淮南津浦路东抗日根据地,保卫人民生命财产和麦收安全。为争取主动,罗炳辉指挥新四军第二师所部,向侵占扬州、仪征、天长地区的日伪军展开反"点线"(据点和封锁线)作战,连克仪征、天长等地多处据点,并进袭天长县城,歼敌150余人。日寇胆战心惊,急忙集结力量,准备进犯六合,以消除这一江北"大患"。4月16日夜,驻扬州等地的日伪军700余人携带轻重武器扑来。而此时身在六合的罗炳辉,已经布下"梅花桩""恭候"多时。17日凌晨,日伪军刚进入新四军防区内,就被一支流动巡逻的"梅花桩"发现,战斗立刻打响。新四军诱敌深入,在五里墩高地集中火力全面压制敌人,使得敌人无法前进和后退。日伪军为摆脱覆灭危境,疯狂反扑,新四军战士则手持朴刀,组成突击班,绕到敌后砍死敌人的重机枪手和掷弹筒班组。在敌人失去火力支援后,新四军再将残敌压缩在陆家洼,形成合围。仅仅半天时间,新四军歼敌500余人,缴获轻重机枪9挺、步枪40余支、掷弹筒2具,新四军仅牺牲54人。罗炳辉在兵力处于弱势的情况下,打出了1∶10的战损比,此战堪称大捷。

解放战争开始后,罗炳辉任山东军区副司令员兼新四军副军长。在枣庄战役中,罗炳辉率部歼灭国民党军近3万人,受降4000余人,迟滞了国民党军北进,为主力部队进军东北争取了时间,并挫败了国民党军打通津浦铁路的计划。1946年6月21日,罗炳辉因病去世。

长征路上尝百草的张思德

1915年4月,张思德出生在四川仪陇县一个穷苦农家。出生不到7个月,他的妈妈就去世了,婶母收养了他。6岁时,张思德就下地帮着干农活了。

1933年8月,红四方面军解放了仪陇,张思德参加了红军,在瓦子寨战斗中立功。当年冬天,张思德进入列宁小学学习文化和军事,毕业后被调去指挥部当交通员,不久加入共产主义青年团,后来又当了特务连的班长。

张思德(画像)

他作战机智勇敢,曾在一次战斗中一人夺得两挺机枪,自己也多处负伤。

1935年3月,张思德随红四方面军参加了长征。过草地时,由于缺衣少药,许多战友病倒了,张思德也一天天消瘦,但他坚持为伤病员背枪,在泥水没踝的荒草滩上,深一脚浅一脚地走着。行军中,通信营一排的战士小李陷入泥沼,拼命向上挣扎,有的战士伸手去拉,也险些陷入沼泽。眼看着泥沼从小李的大腿没到胸部,战友们却束手无策。张思德急中生智,对班长杜泽洲说:"班长,我趴在泥沼上,你踩在我身上,拉小李的左手,另外两人也像咱们一样拉他的右手,这样或许能把小李拉出来。"说完,张思德便毫不犹豫地趴在泥沼上。看着张思德那急切的目光,杜泽洲抬起了脚……在另外两名战友的协助下,即将被泥沼吞没的小李终于得救了。

　　长征途中,战士们带的干粮吃完了。为了战胜饥饿,走出草地,北上抗日,部队发出了"尝百草"的号召。在茫茫的草地上,野草遍地,毒草丛生。要尝出一种能吃的野草是很不容易的事,往往要付出很大的代价,轻者中毒,重者死亡。张思德在"尝百草"活动中,总是抢在前头。有一次,部队在一片水草丰茂的沼泽旁宿营。一个小战士忽然叫起来:"野萝卜!野萝卜!"张思德过去一看,果然离水塘不远的地方长着一丛丛野草,叶子跟萝卜秧子差不多。那个小战士拔起一棵就要往嘴里送,张思德赶忙夺过来,放到自己嘴里,慢慢地嚼着。不一会儿,张思德就感到头昏脑涨,全身无力。又过了一会儿,他感到肚子一阵绞痛。他急忙对小战士说:"这草有毒,快告诉……"没等把话说完,张思德就失去了知觉。半个多小时以后,张思德慢慢醒来,模模糊糊地看见小战士端着瓷缸蹲在面前,又急忙地说:"不要管我,快去告诉其他同志。"

　　1937年10月,张思德加入中国共产党。1940年春,他被调到中央军委警卫营任通信班长。当时的延安,粮食严重不足,战士们饭都吃不饱。通信班的战士都是些年轻人,再加上经常外出跑路送信,饭量都比较大。为了让大家多吃一些,每次开饭时,张思德吃到一半就不声不响地撂下饭碗,提起水桶去打水。实际上,他是想让战友们多吃一点。一次、两次,战友们没注意,时间一长,张思德的这个秘密就被大家发现了。一天,张思德捞来一些小鱼,洗净晒干烤好,让大家会餐。大家吃得正香的时候,他又要去打水。可是,这回水桶让副班长先拿走了,张思德只好转身回来。他发现自己碗里不知道是谁给放了几个黑面馍馍。他明白了,这是战友们想让他多吃一点。他故意细嚼慢咽,好半天才吃了半个馍馍,把剩下的又放回盆里。他刚要走开,就被战士小韩给拉住了。小韩激动地说:"班长,你别再瞒我们了。我们都知道了。"张思德说:"我吃饱了。"小韩把张思德拽回来,把那几个馍馍硬塞给他:"咱们有福同享，有苦同当，你不要一个人饿着肚子，省下让我们吃。"张思德看实在不能推开了，就把几个馍馍掰成12份，全班每人一份，才算平息了这场"风波"。

1942年11月，部队合并整编，干部精简下派，张思德被调往中央警卫团当战士，他愉快地服从组织分配。随后，他又被调到延安枣园，在毛泽东等中共中央领导同志身边执行警卫任务。为了保证毛泽东等中央领导同志有个好的工作生活环境，他打扫卫生、铺石垫路、修补窑洞，兢兢业业地做好每一项工作。

1944年7月，张思德响应中央大生产运动的号召，进安塞县山中烧木炭。他不怕苦、不怕累，每到出炭时总是最先钻进窑中作业。9月5日，天下着雨，张思德带着战友们照常进山赶挖新窑，突然炭窑发生了崩塌。危急时刻，张思德一把将战士小白推出窑口，自己却被埋在土里。战友得救了，张思德却献出了年轻的生命。

张思德牺牲后，中央机关和警卫团为张思德举行了追悼大会。毛泽东也参加了追悼会，并亲笔题词："向为人民利益而牺牲的张思德同志致敬！"也就是在这个追悼大会上，毛泽东做了影响深远的著名演讲《为人民服务》。

长征途中最小的红军战士向轩

他的舅舅是贺龙元帅,他的姨妈贺英是著名的"双枪女英雄"——歌剧《洪湖赤卫队》里韩英的原型。他出生的当天,贺龙高兴地朝天放了两枪。他就是长征途中最小的红军战士向轩。

晚年向轩

向轩,1926年3月出生,母亲是贺龙的五妹贺满姑。向轩还在娘肚子里的时候,母亲就带着他上山打游击。向轩2岁时,贺满姑带领的游击队遭桑植县地主武装袭击,突围到段家台后被叛徒出卖,向轩与5岁的三哥向楚才、几个月大的妹妹随母亲一同被关进大牢。1928年农历八月十四,敌人把贺满姑凌迟虐杀(不让过八月十五中秋节)。敌人还要斩草除根,三个孩子危在旦夕。贺英设法买通看守,从监狱里救出了向轩兄妹三人。从此,向轩跟着贺英一起吃住,一起打游击。向轩三四岁时就能操手枪射击。他常常偷出舅舅或姨妈的手枪瞄着树开火,把树干打得满是窟窿。看到小向轩是块扛枪当兵的料,贺英和贺龙闲时就手把手教他使枪。1933年4月12日,由于叛徒出卖,向轩和姨妈贺英被敌人堵在屋里。战斗中,贺英连中两弹倒地,年仅7岁的向轩连忙去扶姨妈,但怎么也扶不起来。"快走!去找大舅(贺龙),找红军报仇!"贺英把沾满鲜血的两支手枪和几块银圆塞给向轩,让他快走。向轩一边还击,一边往山上跑,右脚脖子处中弹负伤。他仗着熟悉地形,在山上躲了半天。之后,他拖着伤腿,咬着牙走路,在湖北鹤峰县麻水找到贺龙。从此,7岁的向轩跟着舅舅贺龙,加入红军的行列。新中国成立后,总政治部决定,向轩的军龄就从1933年4月12日算起。因为那天向轩拿起贺英给他的手枪参加了战斗,并且负伤。

1935年9月,蒋介石调集百余团的兵力,对红二、六军团创建的湘鄂川黔革命根据地发动"围剿",妄图把长江以南唯一的一支主力红军消灭。面对严峻形势,贺龙、任弼时等根据地领导人决定将主力移出根据地,进行战略转移。11月,贺龙、任弼时等率领红二、六军团分别从桑植县的刘家坪、瑞塔铺出发北上,9岁的红军战士向轩随着舅舅一起踏上了长征路。

长征途中,向轩担任司令部通信班的副班长。组织上为了照顾红小鬼,给班里三个最小的红小鬼配备了一匹骡子,大家轮换着骑。三个人中,向轩最小,但他骑骡子的次数最少,实在走不动了,他才在骡子背上休息一会儿。三个小伙伴中,有一位叫辛先柱,他的父亲是司令部的炊事员,每天背着行军锅,一到驻地就忙着给大伙儿做饭。过草地的时候粮食缺乏,辛先柱的父亲总是优先保障战友的伙食,最后自己被饿死了。下葬时,贺龙悲痛地对天鸣放三枪,为辛先柱的父亲送行。过玉龙雪山的时候,山顶空气稀薄,好多战士都倒在了那里,向轩拽着骡子的尾巴,才得以幸免。长征途中,队伍歇息、野炊时,向轩就卷起肥大的军服袖子,帮助炊事班干活,又是扫地,又是择菜,从不叫苦叫累。

1936年6月,红二、六军团根据中央指示,决定北渡金沙江,到甘孜地区与红四方面军会师。等赶到江边的时候,战士们发现渡船很少,渡江困难。前面大江横亘,后面追兵紧逼,形势非常危急。关键时刻,贺龙站出来说,家属和小孩都往后站,让战斗部队先过江。向轩他们这些红小鬼都是最后才过江的。这一幕给向轩留下了深刻印象。

战争锤炼着向轩的勇气,少年的无知、怯懦逐渐被战火硝烟融化,沉淀下来的是无畏和坚强。长征胜利后,贺龙发现服务管理处的文书没人愿干,就决定"提升"向轩去干。"当文书,我这点文化吃不消,还是让我去警卫连当班长吧。"当时连自己名字都不会写的向轩就一边当班长,一边给自己"充电",从陕甘宁边区中学的附属小学,一直学到延安抗大。抗日战争全面爆发后,向轩先后在八路军一二○师司令部当通信员、三五八旅警卫连当战士。解放战争中,向轩任工兵连连长。在荔北战役中,他率工兵连挖土坑用抛射法发射炸药包,用改装的老土炮轰击敌人的工事,把敌人打垮,自己也负伤二十多处,右眼被打瞎。纵队司令员贺炳炎将向轩身负重伤的事情报告了贺龙,自责地说:"我没保护好他,我对不起你啊!"贺龙不仅没有责怪他,反而劝导他说:"别人的孩子能牺牲,我的孩子也是一样!"

晚年回忆长征时,向轩说:"长征一路上虽然很苦,牺牲的人也很多,但大家始终有一种信念,一种无论如何都要走下去的信念。"正是这种信念支撑着红军走出草地、翻过雪山,走向中国革命的胜利!

抗日战争篇

(1937年7月—1945年8月)

　　面对日本发动的全面侵华战争,国共两党"兄弟阋于墙,外御其侮",将抗战精神凝聚成最锋利的大刀,向鬼子们的头上砍去!八路军、新四军深入敌后,开展游击战争,粉碎了日军一次次大扫荡,创建了一块块抗日民主根据地。八路军副总参谋长左权血洒太行山,新四军军长叶挺纵横江淮大地,新四军第四师师长彭雪枫驰骋淮北,抗联女政委赵一曼鏖战在白山黑水之间……中华大地烽火遍燃,中华儿女浴血御侮!

血洒新疆的陈潭秋

在参加中共一大的代表中,有一人以战士之勇持枪作战,火线负伤,那就是陈潭秋。

1896年1月,陈潭秋出生于湖北黄冈县一个书香之家。他的五哥陈树三是同盟会会员,参加过辛亥革命。在哥哥的教育影响下,陈潭秋从小便萌发了反帝反封建的意识。在五四运动中,他是学生爱国游行示威的带头人,并被推选为武汉学生代表之一到上海联络各地学联。

陈潭秋

大学毕业后,陈潭秋到董必武主持的武汉中学兼任英语教员,该校后来成为湖北建党的发源地。1920年秋,董必武与陈潭秋等人发起成立共产主义研究组,随后又建立半公开的社会主义青年团。1921年7月,陈潭秋同董必武一起参加中共一大。1923年,陈潭秋参与组织了京汉铁路工人"二七"大罢工。

1933年2月,中央决定调他到苏区工作,任命他为中华苏维埃共和国临时中央执行委员会委员、中央粮食人民委员(即粮食部长)。此时正是第五次反"围剿"的紧要关头,通过艰辛努力,他筹集到了红军和苏维埃政府急需的粮食。1934年10月,中央红军开始长征,他奉命留在中央苏区坚持斗争,任中央苏区分局委员兼组织部长。

1935年2月,陈潭秋、谭震林带领红军冲出敌人的重重包围,来到长汀县的四都,和邓子恢率领的队伍会合,然后向上杭、永定进发,与张鼎丞的部队会合。行军途中,部队被国民党军重兵包围,危难之际陈潭秋坚定地说:"共产党人是铁打钢铸的,即使遇到天大困难,也要杀出一条血路来。为了人民的解放,我们一定要活着冲出去!"突围中,陈潭秋的左耳受伤。4月,闽西南地区党政军负责人第一次会议召开,陈潭秋代表中央宣布张鼎丞任主席、邓子恢任副主席的闽西南军政委员会成立。从此,闽西南的游击战争在党的正确路线指引下,不断向前发展,为后来新四军的建立打下良好基础。5月,陈潭秋由上海赴莫斯科,出席共产国际第七次代表大会。会后,陈潭秋入列宁学院学习并参加中共驻共产国际代表团的工作。

1939年5月,陈潭秋取道新疆回延安,在新疆迪化(今乌鲁木齐)接到中共中央的电报指示,让他留在新疆接替邓发任新疆代表和八路军新疆办事处负责人。

此前新疆军阀盛世才为骗取苏联援助和中国共产党的支持,挂起"亲苏""拥共"的招牌,标榜所谓反帝、亲苏、民平(民族平等)、清廉、和平、建设的"六大政策",多次要求中共派人到新疆工作。中共从抗日大局出发,自1937年起,陆续派出一批干部到新疆工作,使新疆的政治日益走向进步,经济文化建设得到较快发展。1939年后,面对国际国内形势的变化,盛世才露出反动的真面目,不断制造事端,恶化与中共和苏联的关系。陈潭秋就是在这种恶劣的政治环境中,接过重担,根据中央关于"坚持抗战,反对投降;坚持团结,反对分裂;坚持进步,反对倒退"的方针,与盛世才进行艰巨而坚决的斗争。他首先重点抓"新兵营"(大都是西路军保存下来的红军战士)的军事训练,给战士们上党课,讲政治形势,提高他们的军事技能和政治觉悟。1940年年初,在陈潭秋的周密安排下,"新兵营"300多名指战员终于安全返回延安。

陈潭秋把《新疆日报》作为宣传马克思主义、宣传中国共产党抗日民族统一战线政策的阵地,经常刊登毛泽东、朱德等中共领导人抨击国民党顽固派发动反共高潮的文章,对盛世才制造的反共反苏阴谋予以揭露和批判。同时,为了保存党的力量,陈潭秋陆续安排曾三、沈雁冰、黄火青等返回延安。当时有同志提出,让陈潭秋第一批撤离,他却把自己列入最后一批。他表示:"只要这里还有一个同志,我就不能走!"他说:"我是这儿的负责人,我若先撤,这无疑是和战场上的可耻逃兵一样。"他始终坚守战斗岗位。

1942年9月,盛世才将陈潭秋、毛泽民、林基路等中共在新疆的全部人员和家属160多人抓起来,制造了震惊中外的"新疆事件"。陈潭秋领导狱中的同志坚持斗争,嘱咐他们坚定革命信念,不要被敌人软化,提出"百子一条心,集体回延安"的口号,誓不向敌人的淫威屈服。在狱中,盛世才对陈潭秋使尽"坐飞机"、压大杠、灌辣椒水等酷刑,逼他招供子虚乌有的共产党阴谋暴动案。陈潭秋坚贞不屈,断然予以否认,并厉声斥责盛世才。他理直气壮地说:"中国共产党派我们这些同志来新疆帮助工作,我们没有做危害政府的事,没有违反中国共产党的抗日民族统一战线政策。""我们在新疆做事都是光明正大的。"气急败坏的盛世才,下令于1943年9月27日晚上将陈潭秋秘密杀害。

从投身党的事业到牺牲,陈潭秋历尽艰难险阻而不悔。正如陈潭秋所说:"我死后要化作一抔黄土,铺在通向胜利的路上。"他用鲜血和生命在白色恐怖中浇灌出了一片希望的绿洲。

大义凛然王若飞

王若飞

1919年年底,为求学和探寻革命真理,23岁的贵州青年王若飞决定远赴法国勤工俭学。到达法国巴黎后,他写下《一个特别的学生》一文,抒发"战胜罪恶,战胜悲苦,创造一个理想世界"的抱负。

在法国,王若飞与赵世炎、周恩来、陈延年等一批有志青年结识,他们在法国创立中国共产党旅欧支部,成为中国共产党党员。1923年,王若飞被中共旅欧支部派往莫斯科学习。在莫斯科,王若飞拜会了前来参加共产国际第五次代表大会和赤色职工国际大会的李大钊。1925年,王若飞离开莫斯科回国,第二年出任中共中央第一任秘书长,协助陈独秀起草文件,主持中央日常工作。

1931年7月,王若飞奉命去内蒙古成立西北工委,并担任工委特派员,领导西北地区的革命斗争。由于叛徒告密,11月,王若飞在包头被捕。当敌人抓住王若飞时,他试图将一份地下党的名单吞下去,但被敌人卡住脖子从嘴里硬抠了出来。敌人把嚼碎的纸条拼好,上面赫然写着乌兰夫等人的名字。为了逼王若飞交代名单上革命者的具体情况,敌人对他严刑拷打,百般摧残,他始终不吐一字真言。为摧毁王若飞的意志,在一个北风劲吹的夜晚,敌人将王若飞带到荒郊野外，用八支枪一起对准他的胸膛并吼叫着："这是你最后的机会了，要死要活就在你一句话。"王若飞抬起头，望着漆黑的夜空，淡然地说："你们开枪吧！"敌人无可奈何，只得将他又押回监狱。国民党绥远省政府主席傅作义听说后，感慨地说道："军人上战场脸也得白一白，王若飞在刑场上居然态度自若，真了不起！人才都出在共产党里啊！"回到狱中的王若飞，给傅作义写了一封长信，信中提出中华儿女要团结起来，对日本侵略者予以坚决回击，动员傅作义站在民族革命的立场，希望傅作义给他参加民族解放战争的机会。傅作义深受感动。

1936年，王若飞被转移到山西太原陆军监狱继续关押。在狱中，王若飞给他志同道合的妻子李培之写信说："忘掉我！不要为我的牺牲而伤痛，集中精力进行战斗，继续努力完成党的事业。我们在红旗下聚齐，又在红旗下分手。战士们虽然在红旗下倒下，但革命的红旗永远不倒，它随着战士的血迹飘扬四方！这，就是我们的胜利！"为了鼓舞战友们的斗志，身处囹圄的王若飞写了大量红色文章给难友、同志们传阅，有《中国往哪里去？》《怎样开展红色游击战争》《什么是共产党员的态度》《介绍党的十大政纲》。他在短文《生活在微笑》中写下"死里逃生唯斗争，铁窗难锁钢铁心"，以明心迹。在五年多的铁窗生涯里，他始终坚持"威武不能屈，富贵不能淫"，团结难友，勇于斗争，表现出大无畏的革命英雄主义精神。

抗战全面爆发后，国共两党"兄弟阋于墙，外御其侮"，枪口对外，一致抗日。1937年8月，经党组织营救，王若飞被释放回到延安。抗战胜利后，蒋介石三次电邀毛泽东到重庆就战后中国的发展、建设进行谈判。1945年8月28日，中共谈判代表毛泽东、周恩来、王若飞抵达重庆。从9月4日到10月10日，国共两党谈判代表举行了数十次谈判。谈判中，尽管有毛泽东掌舵，周恩来主谈，但作为助手的王若飞没有丝毫懈怠，认真细致地做着配合工作。尤其是他与周恩来的配合，刚柔相济，相得益彰。面对国民党谈判代表的无理要求："只要你们把军队和解放区交出来，什么官都给你们当!"王若飞予以凌厉的回击:"我们共产党什么官也不要,只要求国民党把军队交给人民!""现在汉奸军队都已获得中央之委任,而中共抗日部队反而不能得到中央之承认。""抗战八年,守住大门,以掩护后方的安定,但反不能取得应有的地位,其地位反不如汉奸伪军,过去人民从敌人手中取得政权,而现在中央要从人民手中取回政权。"除在谈判桌上与国民党代表进行针锋相对的斗争,王若飞还陪同毛泽东、周恩来广泛会见各界人士,听取他们的意见建议,阐明共产党人的立场,解释共产党人的主张,揭露国民党"假和平,真内战"的阴谋和欺骗。王若飞以雄辩的口才和娴熟的谈判艺术,同周恩来珠联璧合,为最终达成《双十协定》做出了重要贡献。

1946年1月,王若飞代表中共方面出席在重庆召开的政治协商会议。4月8日,王若飞与博古、叶挺、邓发、黄齐生等13人乘飞机回延安汇报工作。因气候恶劣,飞机在山西兴县东南的黑茶山撞山坠毁,机上人员全部遇难。周恩来痛心不已,提笔写下《"四八"烈士永垂不朽》一文以为悼念。

"党之模范"左权

1905年,左权出生于湖南醴陵一个贫苦农家。在县立中学读书时,他通过阅读《新青年》《向导》等进步读物,接触到马克思主义,萌生改造社会的志向。1924年11月,左权进入黄埔军校就读,第二年经陈赓介绍加入中国共产党。

1930年6月,在苏联伏龙芝军事学院完成学业的左权回到国内,到中央苏区工作。1933年12月,左权任红一军团参谋长。1934年10月,

左权

中央红军主力开始长征。长征途中,左权指挥先头部队运用奇袭战术,占领贵州施秉城,保证了大部队通过。随后,他又协助指挥了红一军团强渡乌江、进占遵义。1935年5月,红军准备抢渡大渡河。中革军委决定,由左权率领红二师五团一部和军团侦察连向大树堡前进,负责佯攻,吸引对岸的国民党军队,以掩护红军主力从安顺场抢渡大渡河。左权首先率部消灭了扼守小相岭隘口的敌人,攻占越西城;接着急行军140里,翻过晒经关,袭击并占领大树堡渡口,并迅速组织部队抢修工事,筹备粮草,扎筏造船,大有红军要从大树堡北渡大渡河、进攻富林、攻打雅安、直取成都的态势。蒋介石闻报赶紧调兵增防雅安、富林,并急电四川军阀刘文辉命其确保成都安全。左权的虚晃一枪,成功掩护了红军主力从安顺场

渡过大渡河，甩掉了数月来一直尾追不舍的几十万国民党中央军。

抗战全面爆发后，国共合作抗日，红军改编为国民革命军第八路军，左权任副总参谋长。不久，左权再兼任八路军前方指挥部参谋长。在八路军总部，左权是最繁忙的人，除了重大的事项由朱德总司令、彭德怀副总司令决定之外，一般的工作都由他来处理。1938年4月，左权在协助指挥歼灭日伪军3000余人的长乐战役后，又直接指挥部队在张店歼敌1000余人，收复辽县、黎城等18座县城，解放人口100余万，从而一举奠定了晋冀鲁豫根据地的基础。

1940年8月至12月，八路军发动了威震中外的百团大战。左权协助彭德怀全力投入作战指挥，将战役部署安排得井井有条，运筹于帷幄之中，决胜于千里之外。连日军的报纸都说"此次华军出动之情形，实有精密之组织"。左权通宵达旦地工作，废寝忘食。一天深夜，他端着蜡烛站在地图前思考作战方案，竟靠着墙壁睡着了，直到蜡烛烧疼手指他才惊醒过来。左权不仅负责百团大战整个战役的组织、参谋工作，还亲临第一线指挥作战。在关家垴围歼战中，他命令："指挥所的同志全部向前推进，犹豫等于死亡！"他指挥二八五旅、二八六旅、新十旅、决死队一纵队和指挥部特务团等部队，给日军冈崎支队以重创。百团大战历时3个半月，敌后军民共进行大小战斗1800多次，毙伤日军2万多人、伪军5000多人，俘日军280多人、伪军1.8万多人，破坏铁路900多里、公路3000多里，破坏桥梁、车站258处，摧毁日伪军据点2900多处，并缴获大量武器弹药和物资。百团大战雄辩地证明日军"扫荡"华北所采取的"囚笼政策"与"堡垒主义"是完全能够被击破的，从而极大地鼓舞了全国人民的抗战信心。

为断绝八路军的武器供应，从根本上打击八路军，1941年11月，日军精锐5000余人向八路军最大的兵工厂黄崖洞发起进攻。左权要求负责保卫黄崖洞兵工厂的八路军总部特务团，在作战中要拿捏一个"稳"字，要充分利用有利地形，在把敌人咬住拖住以后,猛中求稳,不焦不躁,不惶不恐,不紧不慢,以守为攻,以静制动,以逸待劳。他将这种战法形象地称为"咬牛筋"。按照左权的指示,特务团英勇抗击日军,并利用机会组织反击,使得日军连续进攻4天,伤亡近1000人,才突破几百米。日军企图利用赤峪山东侧的悬崖,居高临下侧击我军阵地,左权指示特务团"待机行动,以变应变",调整兵力配置,继续给日军以重大杀伤。日军久攻不下,伤亡日增,遂准备撤退,左权指挥部队在曹庄一带设下伏击圈后,日军伤亡惨重,向黎城方向溃逃。八路军乘胜追击,收复了黎城,黄崖洞保卫战胜利结束。此次战斗,在左权的直接指挥下,八路军特务团以1300人,抗击了日军5000多人的进攻,歼敌近1000人,我方伤亡166人(牺牲40多人),敌我伤亡比例6∶1,创造了以少胜多、以弱胜强的范例。

1942年5月,日军在调集重兵对太行抗日根据地进行"铁壁合围"大扫荡的同时,秘密派出特种部队化装成八路军,深入太行腹地。在发现八路军总部所在地后,日军立即调集重兵进行包围。25日,左权在山西省辽县麻田村附近指挥部队掩护总部机关突围时,被日军的炮弹弹片击中头部而壮烈牺牲。左权是在抗战中牺牲的中共最高将领。朱德闻讯万分悲痛,赋诗悼念:"名将以身殉国家,愿拼热血卫吾华。太行浩气传千古,留得清漳吐血花。"周恩来在《新华日报》撰文哀悼,称赞"左权足以为党之模范"。为了纪念左权,晋冀鲁豫边区政府将辽县改名为左权县,直至今天。

两次入党的叶挺

叶挺

早在 1922 年,叶挺即在孙中山的警卫团担任营长。在粤军总司令陈炯明叛变革命,炮轰总统府时,叶挺奋不顾身掩护宋庆龄脱险。

1924 年,叶挺在廖仲恺、邓演达的帮助下,前往莫斯科东方大学学习。在莫斯科,经聂荣臻、王若飞介绍,叶挺加入中国共产党。1925 年 9 月,叶挺回国参加讨伐军阀陈炯明的东征战役。不久,叶挺率领以共产党员为骨干的第四军独立团参加北伐,血战汀泗桥和贺胜桥,为第四军赢得"铁军"的荣誉。

蒋介石发动"四一二"反革命政变后,武汉国民政府决定"东征讨蒋",并任命张发奎为第二方面军总指挥,下辖第四军、第十一军、第二十军,组成东征军。时任第十一军第二十四师师长的叶挺,也率部开赴九江,准备讨伐蒋介石。随后,第二十军军长贺龙也率所部到达九江。至 7 月 15 日,汪精卫也公然叛变革命,大肆屠杀共产党员和革命群众。叶挺对此极为愤恨,多次在公开场合予以强烈谴责。20 日,叶挺参加李立三在九江主持召开的秘密会议,传达中共中央准备发动军事暴动的指示精神,并对当前的政治军事形势进行分析。会议决定中共所能掌握的各部队迅速向南昌集中,会同贺龙的第二十军,在南昌实行武装暴动。此时,张发奎也在积极策动反共阴谋,并欲借上庐山开会为由,解除叶挺、贺龙的兵权。在这种情况下,李立三、叶挺、谭平山等决定军队于28日前集中南昌,准备举行暴动。27日,周恩来来到南昌,宣布成立前敌委员会,决定举行武装起义,并成立起义总指挥部,由叶挺任前敌总指挥。31日,叶挺奉周恩来指示,拟定作战命令。8月1日凌晨2时,南昌起义的枪声响起。战斗中,叶挺亲临第一线,指挥所部连战连胜,再次显示出"铁军"的威力。经过几个小时的激战,南昌城内守敌被全歼,中共武装反抗国民党反动派的第一枪取得伟大胜利。

南昌起义后,根据预定计划,起义部队立即南下,以求占领广东,取得入海口,以得到国际援助,重建广东革命根据地。叶挺率领起义部队历时近两个月,突破敌人的重重围追堵截,进入潮州、汕头地区,但因寡不敌众终遭失败。叶挺护送病中的周恩来转移到了香港。

1927年12月11日,叶挺和张太雷等领导发动了广州起义,并担任起义总指挥。在中外反动势力的联合反扑下,起义武装遭受重大损失,起义主要领导人张太雷牺牲。广州起义失败后,叶挺按党组织的要求,经香港、马来西亚、日本抵达苏联。由于先后受到李立三、王明的无端指责,叶挺决定退出中国共产党,加入由国民党左派邓演达、宋庆龄等发起成立的"第三党"。

此后,在与党组织失去联系的十年间,叶挺成为国民党极力争取的对象,但他始终不为蒋介石高官厚禄的利诱所动,并协助蔡廷锴、蒋光鼐策划"福建事变"反对蒋介石。抗战全面爆发后,国共两党合作抗日,共御外侮。叶挺听从党的召唤,以非中共党员的身份组建新四军,担任军长,遵照党的部署,与项英等领导新四军在华中地区开展了轰轰烈烈的敌后抗日游击战争。

1941年1月,国民党顽固派制造了震惊中外的皖南事变。在国民党军重兵包围的情况下,叶挺指挥部队奋起突围,血战八昼夜,在奉派与国民党军队交涉时被强行扣押。在被扣押过程中,叶挺严词拒绝蒋介石的威逼利诱,与国民党顽固派进行不屈不挠的斗争,先后被囚禁于江西上饶、湖北恩施、广西桂林等地,最后移禁于重庆渣滓洞集中营。在渣滓洞,叶挺写下了著名的《囚歌》:"为人进出的门紧锁着,为狗爬出的洞敞开着,一个声音高叫着:爬出来吧,给你自由!我渴望自由,但我深深地知道——人的身躯怎能从狗洞子里爬出!我希望有一天,地下的烈火,将我连这活棺材一齐烧掉,我应该在烈火与热血中得到永生!"

1946年3月4日,经中共中央多方面努力,叶挺终于获得自由。次日,叶挺即致电中共中央,请求加入中国共产党,表示要在党的领导下,为中国人民的解放事业贡献自己的一切。3月7日,叶挺即收到经毛泽东亲笔修改的中共中央答复电:"亲爱的叶挺同志:五日电悉。欣闻出狱,万众欢腾。你为中国民族解放与人民解放事业进行了二十余年的奋斗,经历了种种严重的考验,全中国都已熟知你对民族与人民的无限忠诚。兹决定接受你加入中国共产党为党员,并向你致热烈的慰问与欢迎之忱。"读着中共中央的复电,叶挺热泪盈眶。

4月8日,叶挺乘飞机由重庆回延安,孰料飞机在山西兴县黑茶山附近失事,遇难身亡,同机遇难的还有王若飞、博古、邓发等中共重要领导人以及叶挺的妻子李秀文、女儿叶扬眉和幼子阿九。噩耗传出,毛泽东在《解放日报》上发表悼词:"为人民而死,虽死犹荣。"

"一世忠贞"彭雪枫

彭雪枫是中国工农红军和新四军杰出的指挥员、军事家。他投身革命20年，出生入死，南征北战，智勇双全，功勋卓著，被毛泽东、朱德等中共中央领导誉为"一世忠贞，是共产党人好榜样"。

彭雪枫

彭雪枫是河南镇平县人，1907年生，1926年9月加入中国共产党。1930年5月，他被派到苏区，参加过第三、四、五次反"围剿"。1934年10月，他参加长征，先后任军委第一野战纵队第一梯队队长、红三军团第五师师长、陕甘支队第二纵队司令员、红一军团第四师政治委员。勇夺娄山关，巧取遵义城，横渡金沙江，飞越大渡河，挥师天全城，在中央红军进行的历次战斗中，他无役不从，每次都披坚执锐，身先士卒，多次担任先锋部队的指挥员，浴血沙场。

抗日战争全面爆发后，彭雪枫任新四军第六支队司令员兼政治委员、八路军第四纵队司令员，领导开辟豫皖苏边区抗日根据地。1941年皖南事变后，中共中央重建新四军军部，整编所辖武装，彭雪枫任新四军第四师师长兼政治委员、淮北军区司令员，领导根据地军民同日伪军及国民党顽固派进行艰苦斗争，先后取得1942年冬季淮北反扫荡和1943年3月山子头战役的胜利，巩固和发展了淮北抗日根据地。在这期间他博览中外兵书，总结实践经验，对抗日战争的游击战术和政治工作问题进行了论述，编写了《游击战术》《战略战术讲授提纲》等教材，经常到中国人民抗日军政大学第四分校讲课。

在淮北，为宣传抗日，发动群众，鼓舞士气，他仅以两支铁笔、两块钢板、两筒油墨、一把油刷、一块木板和半筒"高乐牌"蜡纸，就办起了声名赫赫的《拂晓报》。彭雪枫不仅亲自题写报头，而且撰写发刊词《拂晓报——我的良师》。他在发刊词中热情洋溢地写道："拂晓代表着朝气、希望、革命、勇进、迈进有为、胜利就要到来的意思。军人们要在拂晓出发，要进攻敌人了。志士们在拂晓要奋起，要闻鸡起舞。拂晓催我们斗争，拂晓引来了光明。"

1944年4月，侵华日军为打通大陆交通线，发动了中原战役，大举向河南腹地进攻。中原大片河山沦于敌手，中原人民处于水深火热之中。为解救在日军铁蹄下的中原人民，1944年8月15日，彭雪枫奉中央军委和新四军军部之命，率第四师主力部队于泗洪县誓师西征。在誓师大会上，彭雪枫做了感人的动员讲话。他说："三年前，我们忍痛撤出了豫皖苏路西根据地。从撤出路西那天起，我们就发誓一定要把它收回。君子报仇三年不晚，现在三年时间到了。我们是豫皖苏人民的子弟兵，豫皖苏是我们的家乡，那里有我们的父母，我们的妻室子女，我们的兄弟姐妹。三年来，我们日夜盼望着能早日收复失去的根据地。我们终于盼来了这一天。我们一定要把日本鬼子和敌伪军消灭掉。为了路西倚门东望的父老乡亲，我们就是战死疆场，也心甘情愿。"23日，彭雪枫指挥部队首战萧县小朱庄，击毙顽军纵队司令王传授及其官兵300余人，俘敌1300人，争取顽军吴信荣部起义，首战告捷。此后，彭雪枫率领部队以迅雷不及掩耳之势，横扫路西地区，先后夺取了萧县、永城和宿县等城镇，解放了200多万人口。9月10日，彭雪枫亲率3个团攻打夏邑县八里庄顽军李光明支队，至11日，全歼顽军一个支队，俘虏支队司令李光明及其官兵1000余人。就在我军即将取得全部胜利时，在前沿阵地指挥战斗的彭雪枫不幸被一颗流弹击中，壮烈牺牲。

为了不影响部队的士气，也为了保护身怀六甲的彭雪枫爱人林颖，第四师领导请示新四军党委后，决定暂缓公布彭雪枫阵亡的噩耗，并要求有关人员保守这个秘密。根据第四师领导的指示，时任旅长的滕海清派人到王白楼一户大地主家，用500块银圆买了副上好的棺材，将彭雪枫入殓，悄悄地用船送回路东，临时安置在成子湖边的柴滩上，然后再把棺材运回第四师师部驻地半城，暂时安放在半城附近一只停泊在濉河上的大木船里，日夜派人看护。直到1945年1月24日，彭雪枫牺牲的消息才公布于世。

从1938年至1944年牺牲，彭雪枫指挥所部进行了大小战斗3760次，累计歼敌4.8万余人，取得了敌我伤亡比例5∶1的辉煌胜利。1945年2月7日，中共中央在延安、中共淮北区党委在洪泽湖边大王庄（现江苏省泗洪县），分别为彭雪枫举行追悼大会。中共中央致挽词："为民族，为群众，二十年奋斗出生入死，功垂祖国；打日本，打汉奸，千百万同胞自由平等，泽被长淮。"毛泽东、朱德、彭德怀、陈毅共同致挽词："二十年艰难事业，即将彻底完成，忍看功绩辉煌，英名永在，一世忠贞，是共产党人好榜样；千万里山河破碎，正待从头收拾，孰料血花飞溅，为国牺牲，满腔悲愤，为中华民族悼英雄。"

彭雪枫将军的抗战功绩得到世界人民的尊敬。1994年，在二战诺曼底登陆50周年之际，英国女皇批准将"威尔克圣宝剑"转赠给彭雪枫陵园，以纪念他在世界反法西斯战争中做出的卓越贡献。

"白山黑水"民族魂赵一曼

赵一曼1905年出生于四川宜宾白花镇的一个封建地主家庭,原名李坤泰、李淑宁,参加革命后用名李一超,赵一曼则是她到东北抗日后的化名。1924年经她的大姐夫郑佑之(中共四川省委首届委员)介绍加入社会主义青年团,两年后中共宜宾特别支部成立时,她即由团员转为共产党员,并担任宜宾妇联和学联的党团书记。

1926年10月,赵一曼考进黄埔军校武汉分校。1927年9月,赵一曼被组织派到苏联莫斯科中山大学学习。1928年冬,赵一曼奉命回国,先后在宜昌、上海、江西等地从事地下工作。九一八事变后,中国共产党发出了"组织东北游击战争,直接给日本帝国主义以打击"的号召,赵一曼主动向党组织要求去东北参加"反满抗日"。得到党组织的批准后,她将年幼的儿子宁儿托付给丈夫陈达邦的五哥陈岳云抚养。在离开陈家之前,赵一曼抱着宁儿去照相馆照了一张相,给在莫斯科的陈达邦写了一封信,表达对丈夫的思念之情,并告知将宁儿放在五哥家中寄养的事,信封内还装着她和宁儿的合影照片。

1932年秋,赵一曼到了哈尔

赵一曼赴东北抗日前线之前与儿子的合影

滨,任满洲总工会秘书、组织部长、代理书记。1933年,赵一曼参加领导了哈尔滨电车工人大罢工。1934年,赵一曼任中共珠河(今尚志县)中心县委特派员、铁北区委书记,组织领导当地工人农民成立反日游击队,与日伪军进行不懈的斗争。1935年秋,赵一曼兼任东北人民革命军第三军一师二团政委,她带领战士们灵活机动地打击日伪军,让敌人疲于奔命,战士们都自豪地称她为"我们的女政委"。日军的报纸刊物则说她是"红装白马女匪首",到处张榜悬赏捉拿她。

那时候,东北人民军的生活很苦,"天大的房子,地大的炕,火是生命,森林是家乡,野菜是食粮",有的战士忍受不了艰苦,产生了畏难情绪。赵一曼就现身说法,鼓励大家。为了坚定信念,她常常自问:"你想回到城市里去吗?你愿意低下头来在鬼子的刺刀下当绵羊吗?不能!我们要想过好日子,只有把鬼子赶出东北去!"战士们非常热爱他们的女政委,不光把她看成指挥官、党代表,更把她当成自己的大姐姐。战斗的间隙,战士们都喜欢围着她,听她讲十月革命,讲列宁,讲1927年的中国大革命……在烽火连天的冰天雪地里,赵一曼写下《滨江述怀》:"誓志为人不为家,涉江渡海走天涯。男儿岂是全都好,女子缘何分外差?未惜头颅新故国,甘将热血沃中华。白山黑水除敌寇,笑看旌旗红似花。"

1935年11月,在与日军作战中,赵一曼负伤被俘。日军为了从她口中获取到有价值的情报,动用酷刑,赵一曼忍着伤痛怒斥日军侵略中国的罪行。12月,因腿部伤势严重,赵一曼生命垂危,日军为得到重要口供,将她送到哈尔滨市立医院进行监视治疗。赵一曼在住院期间,策反了看守她的警察董宪勋与女护士韩勇义,这两个人决定帮助赵一曼逃离日军魔掌。1936年6月,董宪勋与韩勇义将赵一曼背出医院,秘密送到董宪勋的叔叔家中隐藏。不幸的是,6月30日赵一曼在奔往抗日游击区的途中再次落入日军的魔掌。赵一曼被带回哈尔滨后,日军用钢丝鞭、"老虎凳"、竹筷夹手指、拔牙齿、"压杠子"、钢针刺指缝、"搓肋骨"等酷刑,轮番折磨赵一曼。但得到的结果只是一句话:"我死也不会说!"日军遂用鞭子把儿蘸着粗盐捅她手腕和大腿上的伤口,赵一曼昏迷过去数次,被冷水泼醒后仍不肯屈服。最后,穷凶极恶的日军对赵一曼动用电刑,企图通过破坏她的神经达到目的。但是,他们依旧失望,赵一曼始终坚贞不屈。日军知道从赵一曼口中得不到任何有用的情报了,于是决定把她送回珠河县处死"示众"。

1936年8月2日,在被押赴刑场的列车上,赵一曼提笔给儿子写下了遗书:"母亲对于你没有能尽到教育的责任,实在是遗憾的事情。母亲因为坚决地做了反满抗日的斗争,今天已经到了牺牲的前夕了。母亲和你在生前是永久没有再见的机会了。希望你,宁儿啊!赶快成人,来安慰你地下的母亲!我最亲爱的孩子啊!母亲不用千言万语来教育你,就用行动来教育你。在你长大成人后,希望不要忘记你的母亲是为国而牺牲的!"当日,带着对儿子的无限眷恋,赵一曼从容就义,年仅31岁。赵一曼牺牲后,董必武赋诗赞誉:"抗倭未胜竟成俘,不屈严刑骂寇仇。自是中华好儿女,珠河血迹史千秋。"

解放战争篇

(1945年8月—1949年9月)

  抗战的硝烟尚未散尽,国民党军队的隆隆战车即开向解放区。面对国民党的屠刀,郭俊卿女扮男装去参军,演绎了一出革命队伍里的"现代花木兰";15岁的刘胡兰,面对铡刀,从容就义;地下工作者李白用"永不消逝的电波",向中国共产党传递情报;江竹筠"千里冰霜脚下踩,三九严寒何所惧"……人民决定战争的胜负,神州大地天翻地覆,换了人间!

"炮兵之父"朱瑞

朱瑞是人民解放军高级指挥员，1928年入党，曾任中共中央特派员、中华苏维埃共和国中央执行委员，1934年10月参加长征。

抗日战争全面爆发后，朱瑞先后任中共中央北方局军委书记、八路军驻第一战区联络处处长，从事统战工作，并指导晋豫边区、太行南区等地的抗日游击队创建工作。1939年5月，朱瑞任八路军第一纵队政委，与司令员徐向前一起奔赴山东，统一指挥山东和苏北地区的八路军。不久，朱瑞兼任山东军政委员会书记、中央山东分局书记。

朱瑞

为迅速打开工作局面，朱瑞主持召开山东各界联合大会，通过参议会颁布一系列法律法规，明确规定"实施民主政治"，提出"一切赞成抗战、赞成民主者……都能参加民主政权"。在他的积极推动下，到1940年2月，山东就建立县级民主政权70多个、区级民主政权400多个，充分调动了广大民众保家卫国的热情，为创建、巩固和发展山东抗日民主根据地做出了重大贡献。

日本投降后，中央军委正式任命彭德怀兼军委总参谋长，叶剑英任第一副参谋长，朱瑞任第二副参谋长。但朱瑞认为自己长期在上层机关工作，缺乏基层工作经验，鉴于自己在苏联学过炮兵知识，他便要求去做炮兵创建工作。中央经过认真研究，接受了他的请求，让他担任延安炮兵学校代理校长。根据当时的国内形势以及与苏联的关系，朱瑞遵照中共中央指示，率领延安炮校迁往东北，准备接收日军的装备，组建一支新式的人民炮兵部队。但朱瑞到了东北才发现，日本关东军投降后的火炮装备已全部被苏联红军运回苏联，而全副美械装备的国民党军即将大举进攻东北，形势十分严峻。面对这一形势，朱瑞提出了"分散干部，搜集武器，发展部队，建立家业"的十六字方针，除派遣小部分干部到主力部队训练炮兵骨干外，其余师生全部分散到东起绥芬河、西至满洲里、南起长春、北到穆棱的广大地区，收集日军和苏联红军遗弃的各种火炮、坦克、飞机及其零部件。在朱瑞和炮校党委的组织领导下，经过全体师生的共同努力，至1946年5月，师生共收集各种火炮700余门、炮弹50多万发、坦克12辆、汽车23辆，以及大量的零配件和各种器材。这些物资为建立东北炮兵奠定了物质基础。1946年秋后，由于炮兵的迅速发展，需要越来越多的干部，朱瑞建议东北军区将延安炮校改名为东北军区炮校，并立即开始招生。朱瑞任东北军政大学副校长兼炮校校长。朱瑞十分重视培训炮兵干部，在总结作战经验的基础上，提出集中使用、步炮协同、抵近射击等战术原则，对炮兵的组织、训练、装备等方面做出明确规定。至1947年3月，东北军区建立9个炮兵团、27个营、120个连、1个战车大队、1个高射炮大队，并以东北炮兵学校为基础成立了炮兵司令部，朱瑞任司令员。东北军区炮校培养的2000多名炮兵干部，不仅充实了东北军区的炮兵干部队伍，而且为兄弟军区输送了几百名炮兵人才。在东北民主联军（东北人民解放军的前身）发起的三下江南、四保临江战役中，就有40多个炮兵连队参战，发挥了巨大作用。1948年4月在哈尔滨召开的第二次炮兵工作会议上，朱瑞进一步丰富了炮兵作战理论，使炮兵的战略战术逐步趋于成熟，由原来只能配合步兵克敌一个师设防的城市，发展到能支援步兵一举攻克十几个师、多兵种合成防守的大城市。到1948年，东北人民解放军已拥有各种火炮4700门,为辽沈战役的发动做了充分准备。而此时,人民解放军的其他战场,炮兵建设工作才刚刚起步。

1948年7月,辽沈战役的准备工作启动,东北军区决定让朱瑞留在后方主持工作。但朱瑞坚持要去前线参战,在东北野战军领导不同意的情况下,他直接向毛泽东请战:"抗日战争的最后两年我在后方,现在好不容易有了解放东北的战役,我应该带着炮兵到前线去。"毛泽东十分理解朱瑞的心情,但是考虑到炮兵到前线,必然是配合步兵作战,这样就不得不降级任用朱瑞。明白了中央的顾虑后,朱瑞明确表示:"只要能让我上战场,什么级别对我来说都不重要!"9月12日,辽沈战役开始,东北野战军主力迅速向北宁线奔袭,朱瑞指挥炮兵纵队参加攻克锦州以北国民党军坚固据点义县县城的战斗。在这次攻城中,人民解放军第一次使用缴获的美国榴弹炮。为了解这种火炮的性能,在战斗即将结束时,朱瑞亲往城南突破口实地查看城墙被炮火破坏情况,为下一步攻打锦州做准备,不幸途中触雷壮烈牺牲,年仅43岁。时为1948年10月1日。一年后,新中国宣告成立!

早在1946年10月,毛泽东就对朱瑞说:"你就是中国的炮兵元帅!"朱瑞牺牲后,中共中央东北局、人民解放军东北军区司令部在悼念朱瑞的讣告中对其高度评价,"朱瑞以科学的头脑,发扬'炮兵是战争之神'的思想,已在两年来东北解放战争中,特别是攻坚战中收到显著效果,把人民解放军的兵种,提高一步。这是朱瑞同志对人民解放军最大的贡献,对人民不可磨灭的功绩"。

傲雪红梅江竹筠

江竹筠

《红梅赞》是描写革命者凌霜傲雪、慷慨牺牲的一曲壮歌。这首歌咏叹的对象江姐,就是革命先烈江竹筠。1920年,江竹筠出生于四川自贡一个农民家庭,10岁到重庆织袜厂当童工,因为人还没有机器高,老板就为她特制了一个高脚凳。1939年,她考入重庆中国公学,并秘密加入中国共产党。

1941年,21岁的江竹筠被川东特委调任重庆新市区区委委员,负责组织学生运动、发展新党员。两年后,党组织安排她为中共重庆市委领导人之一的彭咏梧当助手,并和他扮作夫妻,组成一个"家庭"。他们的"家庭"就是重庆市委的秘密机关和地下党组织整风学习的指导中心。她的主要任务是为彭咏梧做通信联络工作。在朝夕相处的日子里,志同道合的两个人感情逐渐升温。1945年,经党组织批准,彭咏梧和江竹筠正式结为夫妻。婚后,江竹筠继续协助彭咏梧工作,负责处理党内事务和内外联络工作。从那时起,同志们都亲切地称她"江姐"。

1947年,当人民解放战争节节胜利的时候,中共在国民党统治区组织发动和领导了第二条战线的斗争。江姐受中共重庆地下市委的指派,负责组织学校的学生与国民党反动派进行斗争。在彭咏梧的直接领导下,她还承担了中共重庆市委地下刊物《挺进报》的组织联络和发行工作。《挺进报》在几个月的时间里,就发行到1600多份,引起了敌人的极大恐慌,甚至连国民党重庆行辕主任朱绍良也收到一份《挺进报》及附带的一封对国民党军政人员的警告信。朱绍良又惊又怒,把特务头子徐远举召去臭骂了一顿。

随着人民解放战争进入战略反攻阶段,按照上级指示,中共川东特别区临时工委在重庆成立。中央川东特别区临时工委决定在国民党统治的心脏地带发动武装斗争,配合人民解放军的战略反攻。彭咏梧主动请缨,去下川东组织领导武装起义,担任中共川东临委委员兼下川东地委副书记。江姐以川东临委及下川东地委联络员的身份随丈夫一起奔赴武装斗争第一线。他们的工作迅速而卓有成效,联系游击队、找武器、发动群众……时机成熟,起义时间被确定为1948年1月30日。为应对起义后的复杂局面,彭咏梧嘱咐江姐回重庆向党组织汇报起义准备情况,并组织一批知识分子前来支援。当江姐带着几位知识分子地下党员和一批药品从重庆返回时,得到的却是噩耗。由于走漏风声,起义队伍遭到伏击,在突围过程中,彭咏梧为营救战友,中弹牺牲,头颅被敌人残忍地割下挂在城门上示众。江姐强忍悲痛,毅然接替丈夫的工作。她对党组织说:"这条线的关系只有我熟悉,别人代替有困难,我应该在老彭倒下的地方继续战斗。"

1948年6月,由于叛徒出卖,江姐不幸被捕,被关押在重庆渣滓洞监狱。国民党特务用尽各种酷刑:"老虎凳"、辣椒水、吊索、带刺的钢鞭、撬杠、电刑,甚至残酷地用竹筷猛夹她的十指,急欲从这个年轻的女共产党员身上打开缺口,破坏重庆中共地下党组织。面对敌人的酷刑摧残和死亡威胁,江姐始终坚贞不屈,横眉冷对:"你们可以打断我的手,杀我的头,要组织是没有的。""毒刑拷打,那是太小的考验。竹筷子是竹子做的,共产党员的意志是钢铁!"并大声背诵《新民主主义论》。难友们亲切地称她是"中国的丹娘"(丹娘指苏联卫国战争时期的女英雄卓娅),是"中华儿女革命的典型"。

1949年8月,预感时日不多的江姐,将衣被中的棉花烧成灰,加上清水,调和成特殊的"墨汁",再把竹筷子磨成"笔",在如厕用的毛边纸上给彭咏梧的发妻谭正伦的弟弟谭竹安写下一封信,通过一个看守悄悄把信带出监狱,辗转交到谭竹安手中。在这最后的信中,江姐对最牵挂的儿子彭云做了托付:"假若不幸的话,云儿就送给你了,盼教以踏着父母之足迹,以建设新中国为志,为共产主义革命事业奋斗到底。"

1949年11月14日,在重庆即将解放前夕,江姐被国民党特务杀害于渣滓洞监狱,时年29岁。

江姐牺牲后,以她的事迹为题材的长篇小说《红岩》、歌剧《江姐》激励着千千万万的后来者。甚至毛泽东也为江姐的英雄事迹所感染,他在观看歌剧《江姐》时,当看到江姐壮烈牺牲那场戏时,曾感慨而又不无遗憾地对身边工作人员说:"为什么不把江姐写活?我们的人民解放军为什么不把她救出来?"江姐就如红岩上傲立雪中的红梅,在中国革命史上永放光彩。

"现代花木兰"郭俊卿

古有花木兰女扮男装替父去从军，今有郭俊卿为父报仇女扮男装参加八路军。经典战争影片《战火中的青春》描写了一位女扮男装的人民解放军女战士的传奇故事，其主角高山的原型就是人民解放军中唯一的特等战斗女英雄郭俊卿。

1930年，郭俊卿出生于辽宁凌源县一个贫苦农民家庭。由于东北最早沦陷，饱受日军铁蹄的蹂躏，民不聊生，7岁那年她随家人逃荒要饭来到地广

郭俊卿

人稀的内蒙古大草原。为了活命，一家人住进了地主家透风漏雨的茅屋，父亲被迫给地主家干活，当牛做马，受尽压榨欺辱，几年后便含恨而死。为了给父亲报仇，为了打倒这些恶霸地主，为了生存，1945年，郭俊卿虚报年龄、乔装成男孩参加了八路军，并给自己改名为郭富。部队领导看她机警灵活，身体也不是很强健，便调她去骑兵通信班，生性好强的她多次出色完成任务。一次，班长让她在4个小时以内，将一个紧急命令送到数十公里外的部队。天黑路险，小路崎岖，她骑着快马在大山沟里狂奔，提前完成了任务。孰料在返回的路上，战马口吐白沫倒地不起，她就解下马鞍，背在肩头，摸黑走了十多里山路回到驻地，让大家惊奇不已。为了不暴露女扮男装这个"绝密情报"，在部队5年，她从来都是和衣而睡。

行军途中,她尽量少喝水,实在憋不住了就跑到老远的地方去方便。为此,她常常遭到战友们的哄笑,但谁也没往这是个女战友方面想。在部队这个大家庭,郭俊卿以深厚的阶级感情,热心关照战友们。她从不因年纪小而要求战友们照顾,相反,她总是以女性特有的细腻关心同志、帮助战友。谁生病了,她就帮着做病号饭;战斗中,谁受伤了,她就帮着抢救。在一次行军路过没腰深的河时,她竟以弱小的身躯将伤病员一个个背过河,自己却落下病根。时间一长,大家都打心眼里喜欢这个打起仗来不要命、关心战友不顾己的小战友。在女扮男装的5年中,郭俊卿先后荣获特等功1次、大功3次、小功4次。1947年6月,她光荣地加入中国共产党。

1948年5月,郭俊卿担任某部三连四班班长。在平泉战斗中,四班担负夺取城东第二道山梁的重任。当时,全班只有十来支老式步枪和几十颗手榴弹,战士又大都是初上战场的新兵,面对的却是60多个装备精良的敌人。战斗打响后,毫不畏惧的郭俊卿手执红旗冲在最前面。子弹纷飞中,冲在她身边的副班长倒了下去。郭俊卿高喊着"为副班长报仇",带头冲上山梁。敌人不甘心失败,发起反冲锋。她带领战友们顽强阻击,子弹打光了,就同敌人展开白刃战,终于取得了胜利。战斗结束后,团里给四班颁发了"战斗模范班"光荣锦旗。

一不怕苦,二不怕死,历经战火淬炼的郭俊卿很快成长为一名优秀的基层指挥员,被任命为某部机炮连党支部书记。在辽沈战役中,她带领连队参加大拉子山阻击战,为锦州的解放做出重要贡献。辽沈战役胜利后,东北野战军百万雄师南下。行军途中,已升任某部副指导员的郭俊卿跑前跑后地组织大家拉歌鼓劲,帮着炊事班背行军锅。大年初一,部队组织秧歌队为群众演出,郭俊卿头戴假发,身穿旗袍,边唱歌边扭腰,把看热闹的人逗得哈哈大笑,都说:"这个解放军演得真像个女人!"谁也没想到,她就是个女人。

艰苦的战争结束了,郭俊卿也病倒了。1950年4月,郭俊卿住进了医院,高烧不退,可是她双手紧捂着肚子不让医生检查。细腻严谨的女医生发现了郭俊卿的"秘密"……终于,郭俊卿吐露了女扮男装参军杀敌的真情。

"郭富是个女的!"这消息成了爆炸性新闻,引起全军上下轰动。军长贺晋年得知后说:"郭俊卿是巾帼英雄,是当代花木兰,是我们四十八军的骄傲!"1950年9月,郭俊卿出席了全国战斗英雄代表大会,受到毛泽东、朱德等党和国家领导人的接见。她被中央军委授予"全国女战斗英雄""现代花木兰"荣誉称号,荣获模范奖章、勇敢奖章、毛泽东奖章。

根据组织安排,郭俊卿转业到地方工作,先后担任山东省青岛第一服装厂厂长、曹县民政局副局长等职。1983年9月23日,郭俊卿因病去世。一只旧皮箱、一床旧被、一条毛毯是她最贵重的遗物。

"永不消逝的电波"李白

李白

李白是中国共产党长期战斗在无线电通信工作岗位上的优秀代表,也是隐蔽战线上的英雄。著名电影《永不消逝的电波》的主人公李侠的原型就是他。

1910年5月,李白出生于湖南浏阳一户贫农家庭,9岁上小学,13岁便辍学外出务工。在火热的农民运动高潮带动下,李白15岁就加入了中国共产党,并参加了毛泽东领导的湘赣边界的秋收起义。

1931年,李白到中共中央开办的无线电训练班学习。从此,他与党的无线电通信事业结下不解之缘。李白毕业后就任红五军团第十三军无线电队政委。由于他的言传身教,这支由国民党起义军队改编而成的队伍,一扫旧军队的坏习气,成了一支屡建战功的技术劲旅。无线电队在第四次反"围剿"战斗中,屡建功勋,受到红军总部的嘉奖。

1934年10月,李白随中央红军踏上长征之路。他要求红五军团无线电队的报务员个个要视"电台重于生命"。在历尽艰辛的二万五千里长征中,他们这个无线电队没有一部机器掉队,没有一部机器停止过工作,始终保持联络畅通,为长征的胜利发挥了积极作用。

1937年全面抗战开始后,中国共产党一方面大力开展敌后抗日斗争,一面加强敌占区隐蔽战线的斗争。在日军攻占上海后,中共中央社会部派李白赴沪潜伏,负责建立上海地下党组织与党中央联系的空中通道。这对一个一直生活在农村环境中的地下党员来说,是一个多么困难的任务啊! 为了电台的安全,党组织派女工裘慧英以"妻子"名义协助他工作。随着工作的顺利进行,李白和裘慧英之间的感情也越来越深,党组织批准他俩结婚。从此,他俩既是亲密的夫妻,又是秘密的革命同志。

　　为建立电台,党组织出资在上海威海路开设了一家"福声无线电公司",以专修收音机作为掩护,解决了器材零件采购的难题。白天,李白以公司老板身份做生意,修理和安装收音机,晚上就试制装配收发报机,裘慧英负责望风警戒。1939年12月,他们终于成功实现了与党中央机关的联系,使地下战线的情报能及时上传,党中央的指示得到及时下达。他们在敌人的心脏里建立了地下电台,把延安和上海紧紧联系在一起。地下电台的工作充满危险,只要开机,就会遭到日特的无线电侦察,李白的电台就曾三次遭到破坏,他也三次被逮捕。

　　第一次被逮捕发生在1942年9月。当时租界被日军占领,日军大肆搜捕共产党人。李白夫妇刚转移到建国西路福禄村10号的一幢三层楼房里,为安全起见,他们特意将发报机功率降低到15瓦。即使这样,他们仍然在一次工作时被日特侦破。当敌人冲进密室时,李白已经把电报稿纸吞咽到肚子里,十分平静地面对日特的抓捕。李白夫妇被捕后被分别关押在两处进行刑讯逼供。在刑讯中,李白看出敌人并未掌握多少实情,所以一口咬定自己是一个商业电台。敌人先用"老虎凳",后又拔掉他十个指甲,最后又想用电刑来摧毁他的意志。李白的身体已经被摧残得不能动弹,话也讲不出来,当电流通过时,嘴里就禁不住发出阵阵嘶叫,但他坚持不暴露真实身份。一个月后,无计可施的日特不得不先将一口咬定自己是家庭妇女的裘慧英释放,李白则被转移到汪伪特工总部关押,直到1943年5月经党组织营救才获释。

李白第二次被捕,是落入国民党之手。当他带着电台乘船到浙江淳安时,装在箩筐里的电台被国民党军查获。因当时国共合作抗日,李白经党组织营救脱险。抗战胜利后,李白夫妇返回上海。李白凭借精湛的技术,获得善后救济总署渔业管理处电器设备修理工的公开职业。李白白天上班,晚上收发电报,前后持续了一年多时间,每天睡眠时间都很少。裘慧英怕他身体吃不消,就劝他注意休息,李白说:"一个人最大的苦恼,就是没有完成党交给他的任务。工作顺利,就是最大的快乐。"还说:"长征时部队行军,我们也行军;部队休息,我们还要发报,报发完了,又开始行军。现在比起长征时的情况,要好多了!"

1948年12月29日晚至30日凌晨,李白在用地下电台向党组织发送获取的国民党绝密文件——长江南岸布防情报时,被敌人包围。敌人闯进屋来,翻箱倒柜,撬起地板,砸开隔墙,把电台搜了出来。李白当场被捕,被押送到国民党上海警备司令部的第二大队。

在那里,他受尽了种种酷刑……但无论敌人怎样严刑拷问、威逼利诱,李白始终坚贞不屈。1949年4月,李白被秘密转押至蓬莱路看守所。他通过一位出狱难友带信给妻子,让妻子到看守所后面一家老百姓的阳台上与他隔窗相见。此时,他的双腿已被老虎凳压断,不能站立,只能靠难友托扶爬到窗口见妻子一面。他对妻子说:"个人安危不必太重视。天快亮了,我无论生死,总是觉得愉快和欣慰的。"

1949年5月7日深夜,李白被秘密杀害,时年39岁,入党24年。20天后,上海宣告解放。

"为工人阶级牺牲"的王孝和

王孝和生于上海一个工人家庭，1941年加入中国共产党时年仅16岁。1943年1月，他考入杨树浦发电厂当抄表员，结识了很多工人朋友。他发动大家组织读书会，宣传抗日救亡的道理，成为工人们的贴心朋友。

1946年1月，为改善待遇，上海电厂的工人们组织了规模浩大的罢工，王孝和始终坚持在第一线，做宣传动员工作，被工友们选为上电工会杨树浦发电厂支会干事。上电工会在反内战的民主运动中站在前列，引起国民党当局的注意。国民党当局于1947年9月悍然宣布解散上电工会，通缉工会干事。经过数万工人坚持不懈的斗争，国民党当局不得不同意召开工人大会，但要求重新选举工会领导，结果王孝和等为工人信得过的同志仍当选为常务理事，继续为工人阶级服务。国民党反动派不甘心失败，又派出特务以"指导员""秘书"等身份常驻工会进行监视，并威胁利诱王孝和参加国民党，被他以"对政治不感兴趣"为由拒绝了。1948年1月底，申新第九棉纺织厂7000多名工人，在上海地下党组织的领导下举行罢工。国民党当局出动数千名军警、特务，使用装甲车催泪弹进行镇压，打死3人，打伤500多人，抓捕400多人。"申九惨案"发生，王孝和代表上电工会参加"申九惨案"后援会，在厂里发动工人缠黑纱、捐款，抗议国民党当局的血腥暴行。面对特务的阻挠，他理直气壮地说："工人是一家，相互支援是我们的分内事。"4月，国民党当局为镇压工人和学生民主运动，以破坏生产和社会治安等罪名，在全市抓捕各厂工会负责人。19日，特务闯进王孝和家要他自首,王孝和说:"我是上电2800名职工选出来的工会常务理事,为职工说话办事是我的职责,没有什么需要向谁讲清楚,更无自首的必要。"特务们走后,王孝和一面整理、焚烧文件,一面对妻子交代说:"如果我被捕,千万记住,所有我认识的人、到我们家里来过的人,你都不能说认识,切记切记!"21日,敌人以"妨碍戡乱治安"为名将王孝和投进了监狱,轮番使用"老虎凳"、灌辣椒水和电刑等酷刑。王孝和宁死不屈,一字不吐。一个参与施刑的特务边摇头叹息边说,这个人真厉害,上这么重的刑,居然什么也不讲,真拿他毫无办法。

敌人黔驴技穷,于是纵使上海高等特种刑事法庭以"连续教唆、意图妨碍戡乱治安未遂"的罪行判处王孝和死刑。王孝和在狱中写下三封遗书:一封给双亲,"儿不能再为双亲尽孝养老,请多谅解。然而,儿为正义而死,死而无憾";一封给怀孕的妻子,"你要挺住,要活下去,把孩子抚养成人,告诉孩子,父亲是被谁杀的,教育孩子一定要继承父志";一封给狱中难友,"为正义而继续奋斗下去!前途是光明的"。

1948年9月30日,难友们从种种迹象预感到王孝和的最后时刻已经临近,各监房纷纷传来向王孝和致敬和慰问的纸条。纸条上言语不多,却充满了同志间的深情厚谊:"我们一定为你报仇!""一个人倒下去,千万人站起来!""我们前仆后继,踏着你的血迹前进!"不出所料,这天,几个法警闯进监房喊道:"王孝和提审!"王孝和闻言,从容不迫地向牢门外走去,边走边高呼:"特刑庭不讲理!""特刑庭乱杀人!"在特刑庭上,王孝和提出要向在场的记者们讲几句话。面对在场的20多家报社、

王孝和

通讯社的记者,庭长不得不表示同意。面对记者,王孝和痛斥反动当局蛮不讲理、滥杀无辜的残暴行径,要求记者们主持公道,在报上披露事实真相。庭长气急败坏地大叫:"不许多说,现在已经判决,立即执行。"王孝和怒喝道:"我不承认你们的判决!"特刑庭成了王孝和对国民党反动当局进行控诉和示威的地方,他神情坦然地回答在场的外国记者的提问,将特刑庭的反动面目暴露无遗。敌人担心,如此下去场面将无法收拾,赶紧下令将王孝和押赴刑场。

站在提篮桥监狱的刑场上,王孝和怒斥国民党反动派"看你横行到几时",坚定地表示"从被捕的第一天起,就做好了这个准备。死无所惧,只要我活一天,就要同敌人斗争"。王孝和英勇就义时,年仅24岁。"我一定用我的生命保卫党,保卫工人阶级的崇高事业,永不动摇,一直革命到底!"他用年轻的生命,践行了当初入党时的铮铮誓言。

1949年5月,上海解放。11月6日,上海各界2万余名群众隆重举行王孝和烈士追悼大会,陈毅市长挥笔为他题字——"为工人阶级牺牲"。

"生的伟大,死的光荣"刘胡兰

1932年,刘胡兰出生于山西文水县云周西村一个农民家庭。刘胡兰4岁时,生母去世。过早地失去母爱,更加让她体味到了人生的不幸与苦难。

七七事变后,抗日烽火燃遍吕梁山麓,文水县抗日游击队在党的领导下四处伏击日军,云周西村也成立了抗日民主村公所。党组织在云周西村开办抗日小学,刘胡兰经常和小伙伴们一起到学校听老师们讲革命故事。年幼的刘胡兰开始接触革命道理,革命战士顽强的斗争精神给了她深深的启发。1942年,10岁的刘胡兰当上了儿童团团长。她组织小伙伴们站岗、放哨,与武工队员到日军据点散传单、贴标语,对日军展开政治攻势。在党组织的教育和革命先烈事迹的鼓舞下,刘胡兰在艰苦的斗争环境中快速成长。她配合敌工站站长,趁日军据点唱戏的机会,前去侦察敌情。日军抢粮时,她机智勇敢地把日军引向破坏抗战的恶霸地主家。她秘密跟踪汉奸刘子仁,协助敌后武工队处决了他。八路军伏击云周西村的日军时,刘胡兰动员乡亲们为八路军送弹药、救伤员。少年刘胡兰的一言一行,党组织都看在眼里,更加注重培养她。

1945年11月,刘胡兰参加了文水县党组织举办的妇女干部训练班。经过40多天的系统学习,刘胡兰懂得了更多的革命道理,阶级觉悟有了进一步提高。回村后,她担任云周西村妇救会的秘书,积极发动群众斗地主、送公粮、做军鞋,动员青年报名参军。1946年6月,刘胡兰被吸收为中共预备党员,领导云周西村的土改运动。这一年,她才14岁。

1946年秋，国民党军大举进攻解放区，文水县委决定只留少数武工队员坚持斗争，大批干部转移上山，以保存革命力量。接到通知的刘胡兰，以自己年纪小、熟悉环境为由，主动要求留下来坚持斗争。党组织慎重考虑后，同意了她的请求。刘胡兰和留下来的同志一起在已成为敌占区的家乡往来奔走，向各村党组织传达党的指示，组织群众掩埋粮食，配合武工队打击敌人。云周西村的反动村长石佩怀，为国民党军派粮派款、搜集情报，迫害为中共工作的相关人员，群众愤恨地称他为"狗村长"。1946年12月，在刘胡兰的放哨掩护下，武工队员将他予以镇压。国民党军恼羞成怒，于1947年1月12日包围了云周西村，将群众赶到场地上，架上机枪包围起来。刘胡兰开始躲在刚生过小孩的邻居金钟嫂家里，但那里已躲了好几个群众，她担心连累了大家，便义无反顾地来到广场。由于叛徒告密，敌人在残忍地杀害了石三槐等人后，问刘胡兰是否害怕，威胁她要想活命就赶紧"自白"。

面对敌人的威胁，刘胡兰大义凛然，毫不屈服。敌人问她："你给八路做过什么工作？"刘胡兰大声说："什么都做过！""你为什么要参加共产党？""因为共产党为穷人办事。""你自白吧，自白就放了你，还给你一块土地。"刘胡兰看着敌人，轻蔑地说："你就是给我一个金人，我也不自白！"敌人气恼极了，咬牙切齿地说："你小小年纪好嘴硬啊！你就不怕死？"刘胡兰斩钉截铁地回答："怕死不当共产党！""你们要杀就杀，要砍就砍，共产党员你们是杀不绝的，革命烈火是扑不灭的，你们的末日不远了！"敌人见威逼利诱动摇不了刘胡兰，就将她带到刚铡了几位革命群众的铡刀前，刘胡兰面对战友的鲜血，怒问敌人："我怎么个死法？"敌人喝道："一个样！"刘胡兰遂坦然

刘胡兰雕像

躺到刀座上,壮烈牺牲,时年15岁。刘胡兰牺牲后,中共中央晋绥分局追认她为中共正式党员。

  1947年2月6日,延安《解放日报》发表了题为《只要有一口气活着,就要为人民干到底——女共产党员刘胡兰慷慨就义》的文章。3月26日,毛泽东带领中共中央机关转战陕北途中,任弼时向他介绍了刘胡兰英勇就义的事迹。毛泽东问道:"她是党员吗?"任弼时回答:"是个优秀共产党员,才15岁!"毛泽东听后深受感动,挥笔为她写下"生的伟大,死的光荣"八个大字。

社会主义革命和建设篇

(1949年10月—1978年12月)

  1949年10月1日,是一个具有伟大历史意义的日子,中国人民从此站立起来了!为了建设新中国,钱学森冲破重重阻挠,将中国的航天事业向前推进了20年;为了祖国不受外国威慑,"两弹元勋"邓稼先默默奉献戈壁滩28年;为了大庆油田早出油,王进喜跳进齐腰深的泥浆中;为了治理兰考,身患肝癌的焦裕禄将藤椅顶了个窟窿……中国人民顶住国际国内的巨大压力,坚持独立自主,艰苦奋斗,取得了社会主义革命和建设的伟大成就。

"惹不起"的张爱萍

开国上将张爱萍,是我国无产阶级革命家、军事家,我国现代国防科技建设的领导人之一。毛泽东却说他"好犯上",叶剑英说他"浑身是刺",邓小平说他"惹不起"。他给自己题写的座右铭是"勿逐名利自蒙耻,要辨真伪羞奴颜"。其实,这些正是将军一生铁骨铮铮、胸怀坦荡的真实写照。

张爱萍

在1959年的庐山会议上,彭德怀元帅受到错误批判,张爱萍不仅在会上没有跟风批判彭德怀,而且在会议结束后和彭德怀同坐一架飞机返回北京,以他的实际行动支持彭德怀元帅对"左"倾路线的揭露。七年后,他又为另一位彭姓领导人打抱不平。1966年,在批判彭真、罗瑞卿、陆定一、杨尚昆的会上,当听到台上揭发彭真所谓的"罪状"时,张爱萍小声地对身边的与会人员说:"说好就好得很,现在说坏就那么坏?彭真又不管军队!"这真是"祸从口出",会后不久张爱萍就被叫到陈毅的办公室。一见面,陈毅就说总理一会要过来,接着又问他知不知道彭、罗、陆、杨的事情。张爱萍如实报告说前几天才听了传达,并把当时的议论又说了一遍。陈毅听后哈哈大笑:"你呀,还没等审问,就先招了。看来你是搞阳谋、不搞阴谋的人。今天总理找你就是为这个事。"正说着,周总理进来了,陈毅就把情况和总理说了一番。周总理听后不无忧虑地告诫张爱萍:"以后讲话注意些,不要想到什么就讲什么。"临别时,周总理又特别叮嘱张爱萍:"你以后讲话一定要注意!"但秉性难改,张爱萍依旧"我行我素"。

早在1964年张爱萍率工作组检查酒泉基地时,有人请示张爱萍,1960年10月林彪来基地视察时,曾定下由基地出资30万元给林彪修个纪念亭,现在一切都准备好了,就等张爱萍拍板了。张爱萍听后果断地说:"我看没有这个必要。与其花那么多钱在这种地方修这样一个东西,还不如建一个汽水厂、冰棍厂呢!为基地同志解除干渴,创造些福利。""文革"期间,此事被抖出,造反派质问张爱萍:"酒泉基地要建林副主席纪念亭,你为什么要反对?"并高呼口号:"打倒反革命分子张爱萍!"面对造反派的嚣张气焰,张爱萍坦然地说:"核试验基地生活条件十分艰苦,连饮用水都要从200里外往里运,基地的一切都在建设中,这个时候拿出30万元来建林副主席的纪念亭,他本人也不会同意的。"造反派又叫嚣道:"他不同意是他的事,你不同意你就是反革命!""为了建林副统帅的纪念亭,不要说30万元就是300万元也要建!"张爱萍淡然一笑:"你有本事你就去建好了!"

"文革"中,张爱萍惨遭迫害,被批斗、囚禁达6年之久,左腿致残。但他正气凛然,决不屈服,与林彪、江青反革命集团进行了坚决斗争。1975年3月,他复出后任国防科委主任,在十分困难的情况下积极开展工作,领导制订并组织实施了我国洲际导弹、潜地导弹和通信卫星等尖端武器装备的研制计划,成功组织了我国第一颗返回式卫星"尖兵一号"的发射。随后,他再次被打倒。粉碎"四人帮"后,张爱萍再次复出,任国务院副总理兼国防部长,为国防建设和人民军队的革命化、现代化、正规化建设做出了重大贡献。

在1982年9月召开的中共十二届一中全会上,讨论政治局委员候选名单时,许多同志提出,张爱萍同志应该进中央政治局。胡耀邦同志解释说："当时在拟定候选人名单时，小平同志的意见是军队占的比例大了。我同意大家的意见，张爱萍同志应该进政治局。不过这件事要请示小平同志。我现在就去。"不一会儿，他回来说："小平同志要我向同志们解释一下，他的意见是不要再动了。小平同志说，'你们不了解爱萍，他是不会计较这些的'。"事后，张爱萍深有感触地说，小平同志"是知道我这个人的"，"我们这些人，只是做具体工作的"。

对于曾经风靡一时的军队经商办企业，张爱萍在给国防科工委党委的信中，一针见血地指出："有些人要去搞企业、公司经商，就让他们离开军队或政府去搞好了！这种官商或军商，实在不是我们共产党领导的军队干的，只有军阀国民党可以。热衷于经商，必然导致腐败。"在中央军委常务会议上，他更是言辞激烈地说："军队和政府经商，势必导致官倒，官倒必然导致腐败。穿着军装倒买倒卖，是军队的耻辱，国家的悲哀。提倡部队做买卖赚钱，无异于自毁长城。""我们在军委工作的人，如果连这些都制止不了，这样搞下去，将来发生了战争，该杀谁的头？首先该杀我们的。杀了我们的头，还要落下骂名、丑名、恶名！连尸首都要遗臭万年！"举座皆惊，举座无语。迟浩田曾就此回忆说，张爱萍的一句话让他震动，那就是"饮鸩止渴"！十多年后，中共中央明令"军队必须停止一切经商活动"。

2003年7月5日，张爱萍将军在北京病逝。

"中国航天之父"钱学森

钱学森是世界著名科学家,正因为他的回国效力,中国导弹、原子弹的成功发射时间向前推进了至少20年。

钱学森

钱学森出生于浙江一个书香世家。他的父亲钱均夫早年赴日本求学,1911年回国,曾任浙江省教育厅厅长,与浙江同乡、同在日本求学的著名军事家蒋百里交情甚笃。1935年8月,钱学森赴美深造,但在专业选择上,他与父亲意见不同。钱学森想继续攻读航天理论,父亲却说中国航天工业落后,落后就要挨打,还是研究飞机制造技术为好。钱学森告诉父亲,目前中国在飞机制造领域与西方差得太远,只有掌握航天理论,才有最终超越的可能。蒋百里在得知钱家父子的争论后,专程上门对老友说,欧美各国的航空研究趋向工程、理论一元化,工程是跟着理论走的。在蒋百里的说明与疏解下，钱均夫终于应允儿子继续攻读航天理论。

在美国，钱学森先后在麻省理工学院、加州理工学院航空系学习，师从世界著名科学家冯·卡门，并成为冯·卡门最重视的学生。钱学森36岁时便已成为麻省理工学院最年轻的终身教授，并在加州建立了喷气推进实验室。他曾随美国空军顾问团去考察纳粹德国的导弹技术，被美国空军授予上校军衔。他的导师冯·卡门曾这样评价爱徒：钱学森是当时美国处于领导地位的第一流火箭专家，作为加州理工学院火箭小组的元老，他为美国火箭研究做出了重大贡献，是美国火箭理论的奠基者。

1949年，当新中国诞生的消息传到美国时，钱学森和夫人蒋英便商量着早日赶回祖国，为祖国效力。1950年8月，钱学森将行李以及800公斤重的书籍、笔记本装上即将开往香港的美国"威尔逊总统号"海轮，随即准备全家乘坐加拿大太平洋公司的飞机回国。但美国海关非法扣留了钱学森的行李和书籍，移民局通知他不得离境。因为此时的钱学森是美国加州理工学院航空系主任，著名火箭专家，是美国国防部火箭研究四人小组核心成员之一。作为美国火箭研究的先驱人物，他的去留备受关注。美国海军部次长金贝尔甚至说："他知道所有美国导弹工程的核心机密，一个钱学森抵得上5个海军陆战师，我宁可把这个家伙枪毙了，也不能放他回到红色中国去。"

1950年9月9日，美国联邦调查局逮捕了钱学森，把他关押在特米那岛上的拘留所，进行残酷折磨。经过加州理工学院的多方努力，15天后，钱学森以15000美元被保释。移民局抄了他的家，海关又没收了他的行李以及800公斤重的书籍和笔记本。虽然美国检察官多次审查他的所有材料，证明他是无辜的，但美国当局仍然对他进行监视居住，钱学森每个月必须到移民局登记，行动也受到多方限制。

1954年的一天，钱学森偶然在报纸上看到全国人大常委会副委员长陈叔通站在天安门城楼上的照片，他决定给父亲的这位好友写信求救，恳请党和政府帮助他回国。钱学森在美国受迫害的消息很快传到中国，中国政府公开发表声明，谴责美国政府监禁钱学森。1954年4月，美、英、中、苏、法五国在日内瓦召开解决朝鲜问题和恢复印度支那和平问题的国际会议。根据中国代表团团长周恩来的指示，中国代表团秘书长王炳南与美国代表就两国侨民问题进行商谈。7月21日，日内瓦会议闭幕后，为不使沟通渠道中断，周恩来指示王炳南与美方继续就钱学森等中国留美人员回国问题进行会谈。但在钱学森回国这个关键问题上，美国代表约翰逊以中国拿不出钱学森要回国的真实理由为由，毫不松口。正当周恩来总理为此着急的时候，陈叔通转来了钱学森的求助信，周总理马上进行批示。中国方面以释放11名美军飞行员战俘的条件，并亮出钱学森来信要求协助回国这一铁证，要求美国不得再阻挠钱学森等中国留美人员回国。在中国政府的交涉下，美国当局最终不得不同意放钱学森回国。1955年8月4日，钱学森终于收到了美国移民局允许他回国的通知。临行前，钱学森拿着自己的新书《工程控制论》向老师冯·卡门辞行。这位世界航空理论权威看完钱学森的新作，诚挚地说："钱，在学术上你已经超过我了。"谁能想到，这部著作竟然是钱学森在5年的软禁中完成的！1955年9月17日，钱学森终于踏上归国之途。为了实现这一夙愿，他历经5年多的折磨。

  1955年10月8日，44岁的钱学森终于踏上故土。这一天，被很多科学家视作中国航天事业的发端之日。从此，钱学森这个名字便与中国航天、民族尊严紧紧联系在了一起。在他的带领下，1964年6月29日，中国第一颗中近程导弹顺利发射，同年10月16日，中国第一颗原子弹爆炸成功；1967年6月17日，中国第一颗氢弹空爆试验成功；1970年4月24日，中国第一颗人造卫星发射成功。外电纷纷评论：中国闪电般的进步，像神话一样不可思议！这一切，都是因为有了钱学森，他被誉为"中国航天之父""中国导弹之父""中国自动化控制之父"。

"两弹元勋"邓稼先

著名核物理学家邓稼先,1924年出生于安徽怀宁县的邓家祖屋——铁砚山房。他的六世祖是清代著名的大书法家邓石如,他的父亲邓以蛰是北京大学、清华大学的哲学系教授。1941年,邓稼先考入西南联合大学物理系。毕业后,他通过赴美研究生考试,于1948年秋进入美国普渡大学研究生院学习。他学习成绩突出,仅用一年多的时间就获得博士学位。此时他只有26岁,人称"娃娃博士"。

邓稼先

当时,美国政府打算用更好的科研条件、生活条件把邓稼先留在美国,他的老师也希望他能够留下。邓稼先婉言谢绝了。1950年10月,邓稼先和200多位有志于祖国建设的专家学者一起回到国内。一到北京,他就投身于中国原子核物理理论研究中,并为此做出开拓性的工作。

当时中央已经决定,依靠自己的力量发展原子弹。1958年秋,二机部副部长钱三强找到邓稼先,告诉他"国家要放一个'大炮仗'",征询他是否愿意参加这项必须严格保密的工作。邓稼先毫不犹豫地同意了。他回家只对妻子说自己"要调动工作",不能再照顾家和孩子,通信也困难。妻子许鹿希是著名爱国民主人士许德珩的女儿,从小即受爱国思想的熏陶,她知道丈夫肯定是要从事对国家有重大意义的工作。她表示坚决支持，要丈夫放心工作，她会照顾好家和孩子们的。从此，邓稼先开始了长达28年的秘密工作生涯。

1958年8月，34岁的邓稼先调到新筹建的核武器研究所任理论部主任，领导28名刚毕业的大学生，进行核武器的理论设计。当时，我国核武器理论研究工作从零开始，这群年轻人面对的挑战可想而知。要知道，美国研发第一颗原子弹的队伍中仅诺贝尔奖得主就有14人。

一切刚刚就绪，苏共中央违背援助承诺，拒绝提供原子弹数学模型和有关技术资料，并单方面终止两国签订的国防新技术协定，撤走全部专家，还讥讽地说："离开外界的帮助，中国20年也搞不出原子弹。就守着这堆废铜烂铁吧。"中共中央决定"自己动手，从头摸起，准备用8年时间搞出原子弹"。邓稼先领衔的理论部面临的问题很现实，首先要在迷宫中找到方向。邓稼先经过慎重考虑，选定中子物理、流体力学和高温高压下的物理性质这三个方面作为研制中国第一颗原子弹的主攻方向。选对主攻方向，是邓稼先为中国原子弹理论设计工作做出的最重要贡献。邓稼先一面部署同事们分头研究计算，一面自己也带头攻关。他晚上备课，白天给年轻人补习专业知识。有时上完课，邓稼先站在黑板前竟睡着了。就这样，原子弹的理论设计在两年中获得了很大的进步，朝着邓稼先确定的方向迈出了一大步。不久，他们就走到了一个关键之处，要寻找制造原子弹的一个关键参数。当年苏联专家曾给过一个参数，邓稼先在周光召的帮助下以严谨的计算推翻了原有结论，从而解决了中国原子弹试验成败的关键性难题。为了演算这个数据，邓稼先带着研究人员一日三班倒，常常是工作到天亮。算一次，要一个多月；算9次，要花费一年多时间。他又请物理学家从物理概念出发进行估计，最终确定数据正确。邓稼先常常着急地说："唉，一个太阳不够用呀！"数学家华罗庚后来称，这是"集世界数学难题之大成"的成果。1962年9月，中国第一颗原子弹理论设计方案诞生，为中国核武器研究奠定了基础。1963年，中国第一颗原子弹总体计划完成，39岁的邓稼先庄重地在计划书上签上了自己的名字。

邓稼先不仅在秘密科研院所里费尽心血，而且经常到飞沙走石的戈壁试验场实地考察。他冒着酷暑严寒，在试验场度过了整整8年的"单身汉"生活，有15次在现场领导核试验，从而掌握了大量的第一手材料。1964年10月16日，中国的第一颗原子弹在沙漠腹地成功爆炸。邓稼先、于敏率领九院理论部研究原子弹的原班人马，又承担起中国第一颗氢弹的理论设计任务。按照"邓一于方案"，1967年6月17日，中国第一颗氢弹又在罗布泊上空爆响。

从原子弹到氢弹，中国仅仅用了2年8个月。中国能在这样短的时间和那样差的基础上研制成"两弹"，西方人感到不可思议。杨振宁来华探亲返程之前，曾故意问还没有暴露工作性质的邓稼先："在美国听人说，中国的原子弹是一个美国人帮助研制的。是真的吗？"邓稼先在请示周恩来后，写信告诉杨振宁："无论是原子弹，还是氢弹，都是中国人自己研制的。"

1972年后，邓稼先先后任核工业部第九研究院副院长、院长。1979年，在一次核试验中，邓稼先已经受过多次辐射伤害的身体再次受到致命的辐射，但他仍坚持工作。1984年，邓稼先指挥了他一生中最后一次核试验，这次试验的成功标志着中国第二代核武器的重大突破。此时，他的身体已被癌细胞严重侵蚀。1985年，邓稼先回到了北京，回到了妻子的身边。在生命的最后一个月，他28年的秘密经历才得以披露，"两弹元勋"的美名才开始传扬。1986年7月29日，邓稼先不幸病逝。他在临终前叮咛："不要让人家把我们落得太远……"邓小平在谈到邓稼先时，说："'两弹'是他的勋章，中国为他骄傲。"

"科学救国"的竺可桢

竺可桢

竺可桢,38年对天气和物候的每天记载无一间断,以其强烈的爱国心和责任感,尽毕生之力开展气候变化研究,为我国近代地理学和气象学的研究奠定了坚实基础。

1890年3月,竺可桢出生于浙江绍兴东关镇一个小商人家庭。1905年,他进入上海澄衷学堂,立志"科学救国"。1910年,他考取庚款留美公费生,进入伊利诺伊大学农学院。1913年毕业后,他又到哈佛大学地学系攻读气象学。1915年,竺可桢获得哈佛大学硕士学位后,留校继续深造。1918年,竺可桢以论文《远东台风的新分类》获哈佛大学气象学博士学位。随即他怀着一腔报国激情,返回阔别了8年的祖国。

回国后,竺可桢不受官职厚禄,先后在武昌高等师范学校和东南大学等校教授气象学和地理学,为中国培养了第一代地理和气象工作者,编写了中国第一本现代地理学著作《地学通论》。1928年,他应中央研究院院长蔡元培之聘,在南京北极阁筹建气象研究所,建立了第一个由中国人管理的气象台,并出版了中国第一本研究近代气象学的专著《气象学》,打破了外国人对中国气象事业的垄断。

作为中国气象学的开创者,竺可桢原本准备一辈子只做好这一件事。但旧中国积贫积弱的现实，使他最终于1936年出任浙江大学校长。"诸位离校以后，每个人应该以使中华民族成为一个不能灭亡与不可灭亡之民族为职志。把这自强不息、奋发有为的精神，传播于各村乡、各城市、各机关去。"他给学生致辞中的这句话，表达了他的心声。为了培养出"各业的领袖"，为了培养出"社会的砥柱"，为了让更多的人担负起中华民族"不能灭亡与不可灭亡"的重任，竺可桢义无反顾地挑起了浙大校长这副重担。抗战期间，竺可桢率领1000多名师生，"驮"着浙江大学，在烽火连天的夹缝中，奔走万里，跨越六七个省，撤向大后方。抗战胜利后，他又带着4000多名师生，将浙江大学再"驮"回杭州。在竺可桢担任校长的13年中，浙大从原来仅有的文理、农、工3个学院（13个系）发展到6个学院（25个系）、4个研究所、5个学部、1个研究室、1个分校及1所附属中学，培养的学生从最初的400多人增加到后来的2000多人，其中当选为中国科学院、中国工程院院士的就有13人。人们常说："一个好校长便是一所好学校。"这句话放在竺可桢的身上，是再恰当不过了。

1949年，国民党教育部和蒋经国反复劝说竺可桢，让他去台湾，竺可桢拒绝了这一要求，留在上海迎接解放。7月，竺可桢应邀参加全国自然科学工作者代表会议筹备会、全国教育工作者代表会议筹备会。8月，他参加了人民政协筹备会议及第一届全体会议。在讨论制定《中国人民政治协商会议共同纲领》的过程中，他提出专列发展自然科学一条的建议被采纳。10月1日，竺可桢参加了开国大典。

新中国成立后，竺可桢被任命为中国科学院副院长，主要负责自然科学研究方面的组织领导工作。根据国家关于科学研究工作的方针，他广泛征求意见，制定调整、建立研究机构的原则，并组织实施；选聘研究人才，组织与高等院校的合作，大力开展科学研究。他首先着手组织成立了中科院地理研究所，主持完成了中国自然区划、制定国家大地图集等工作。1954年，他又召集在北京的侯外庐、刘仙洲、袁翰青等专家学者开会讨论,决定成立中国自然科学史委员会,并担任主任委员。他还先后组织了多次大型综合考察活动,足迹遍及全国各地。71岁时,他还参加了南水北调考察队,登上海拔4000多米的阿坝高原,下到险峻的雅砻江大峡谷。1962年6月,竺可桢加入中国共产党。

1964年,竺可桢写了一篇重要论文《论我国气候特点及其与粮食生产的关系》,其中分析了光、温度、降雨对粮食的影响,提出了发展农业生产的许多设想。毛泽东看到此文非常高兴,专门请竺可桢到中南海面谈,对他说:"你的文章写得好啊!我们有个农业'八字宪法'(土、肥、水、种、密、保、工、管)只管地,你的文章管理了天,弥补了'八字宪法'的不足。"竺可桢回答:"天有不测风云,不大好管的!"毛泽东幽默地说:"我们两个人分工合作,就把天地都管起来了!"

1974年2月7日,竺可桢因病去世。去世前一天,他尚在听外孙女婿、中国科学院高能物理研究所研究员汪容介绍国际理论物理研究的一些前沿课题。他用一生诠释着"学到终生"这一崇高的精神。其晚年发表的《中国近五千年来气候变迁的初步研究》一文,更是其毕生践行"科学救国"的研究成果,轰动世界。

永远的雷锋

作为一名普通的人民解放军战士,雷锋在短暂的一生中帮助了无数人。一部《雷锋日记》令无数读者为之动容,以"憎爱分明的阶级立场、言行一致的革命精神、公而忘私的共产主义风格、奋不顾身的无产阶级斗志"(周恩来语)为核心的雷锋精神激励着一代又一代中华儿女,为民族复兴坚韧奋斗。

雷锋

1940年12月,雷锋出生在湖南长沙一户贫苦农家。他的爷爷雷新庭,以租种地主的田地谋生,终年辛苦劳作,仍无法维持一家人的生计,最后身染重病,卧床不起。雷锋3岁那年冬天,爷爷在地主的催债恶骂声中,悲愤死去。5岁时,他的父亲雷明亮因先后遭到国民党逃兵和日寇的毒打,没钱治疗而去世。十多岁的哥哥雷正德为了生存,不得不去当童工,在繁重劳动的折磨下感染肺结核而死去,弟弟也被饿死在家中。7岁时,雷锋的母亲在遭受地主的凌辱后悬梁自尽。从此雷锋沦为孤儿,在六叔公和六叔奶奶的拉扯下艰难地活了下来。雷锋曾在一篇日记中写道:"我家里很穷,爷爷、父亲、哥哥都死在民族敌人和阶级敌人的手里,这血海深仇,我永远铭记在心中!"

1949年,湖南解放了,小雷锋找到路过的解放军连长要求当兵。连长见他太小,没有同意,就把一支钢笔送给了他。1950年,雷锋当了儿童团团长,积极参加土改,家里分得了土地和生活用品。同年夏天,乡政府的党支部书记决定供他免费读书。1956年夏天,雷锋小学毕业后,先在乡政府当通信员,不久便被调到望城县委当公务员。因表现优秀,他加入了青年团,并被派去学开拖拉机。1958年,雷锋被分配到鞍钢化工总厂洗煤车间当推土机手。在鞍钢的14个月里,雷锋3次被评为先进工作者,5次被评为红旗手,18次被评为标兵,荣获"青年社会主义建设积极分子"称号。

1959年12月,征兵工作开始了,雷锋再次恳求入伍。虽然他身高只有1.54米,体重不足55公斤,不符合征兵条件,但他最终因政治素质过硬和有经验技术被特招入伍。入伍后,雷锋被编入工程兵某部运输连四班。他努力钻研技术,全心全意为人民服务,多次立功,被评为节约标兵和模范共青团员,担任了班长,并于1960年11月加入中国共产党。

1960年初夏的一个星期天,雷锋因肚子疼得厉害,就去团部卫生室开药。回来路上,他看见一个建筑工地上正热火朝天地进行施工,原来是在给本溪路小学盖教学楼。雷锋奔到工地,推起一辆空车就加入运砖的行列中。广播员得知情况去采访他,问他为什么来,叫什么,是哪个部队的。他只说:"我是为社会主义建设添砖加瓦,我和大家一样,只是尽自己的一点义务。"没有留下自己的任何信息。解放军战士在休息日来帮忙干活的消息在工地传开后,工人们受到鼓舞,更加卖力地干起活来,还与雷锋开展劳动比赛。大家你追我赶,结果提前两个小时完成了当天的劳动任务。干完活雷锋就悄悄地走了。

从 1961 年开始，雷锋经常应邀外出做报告，便将好事做到了千里之外。有一次，雷锋起早冒雨去沈阳。路上，他看见一位妇女背上背着一个小孩，手里还牵着一个小女孩，淋着雨艰难地向车站走去。雷锋赶上前去，脱下雨衣就给这位大嫂披上，又抱起小女孩，与她们一起来到车站。上车后，雷锋估计她们也没有吃早饭，就把自己准备当早餐的馒头分给她们吃了。火车到了沈阳，天还在下雨，雷锋便把她们送到家里。那位妇女感激地说："同志，我可怎么感谢你呀！"雷锋说："不要谢我，要谢就谢毛主席啊！"再一次，雷锋从丹东出差回抚顺，在沈阳转车。在车站，他看见一位白发苍苍的老大娘拄着棍，背个大包袱，很吃力地走着。雷锋赶上前去，了解到大娘是去抚顺看儿子，正好与自己同路。雷锋就立刻把大包袱接过来背上，扶着老人上了车。到了抚顺，由于老人记忆模糊，雷锋背着老人的包袱，搀着老人，用了两个多小时才找到老人的儿子。就是这样，雷锋将为人民服务的精神播撒到他走过的祖国大地。

1962 年 8 月 15 日，雷锋和助手乔安山驾车从工地回到连队停车场。由于乔安山倒车时将晾衣服的木杆挤断，受晾衣服铁丝的拉力作用，木杆反弹过来，正好击中站在地上指挥倒车的雷锋的左太阳穴。经抢救无效，雷锋不幸去世，年仅 22 岁。1963 年 3 月 5 日，毛泽东发出"向雷锋同志学习"的伟大号召，此后每年的 3 月 5 日成为"学雷锋纪念日"。习近平总书记指出，雷锋身上所具有的信念的能量、大爱的胸怀、忘我的精神、进取的锐气，正是我们民族精神的最好写照。

县委书记的好榜样焦裕禄

焦裕禄

提起焦裕禄,在 20 世纪 60 年代的中国,可谓家喻户晓,妇孺皆知。他是山东博山人,1922 年 8 月出生在一个贫苦家庭。年幼时,他的父亲焦方田在官僚地主的压迫下上吊自杀。青少年时期,焦裕禄也曾多次被地主、日伪抓去毒打、坐牢,当苦工。直到抗战胜利后,他才能挺起腰杆,当了民兵,加入了中国共产党,先后在部队、农村以及工厂做基层工作。

1962 年冬,焦裕禄调任河南兰考县委书记。兰考地处豫东黄河故道,是个饱受风沙、盐碱、内涝之患的老灾区。焦裕禄踏上兰考土地,展现在他面前的是一幅灾荒景象:横贯全境的两条黄河故道,是一眼望不到边的黄沙;片片内涝的洼窝里,结着青色的冰凌;白茫茫的盐碱地上,枯草在寒风中颤抖。这一年,风沙毁了 20 万亩麦子,内涝淹毁 30 万亩庄稼,盐碱地上 10 万亩禾苗逐渐枯萎,全县的粮食总产量下降到历史最低水平。面对此情此景,焦裕禄丢下沉甸甸的一句话:"不改变兰考的面貌,我决不离开这里。"

为根除涝、沙、碱"三害",焦裕禄决定在全县范围内开展治沙、治涝、治碱的斗争,并成立除"三害"办公室。他和大家一起日夜奔波,追沙追到沙落地,查水查到水归槽,亲自用舌头辨别盐碱的种类和土的含碱量。忍受着肝病折磨,焦裕禄在风雨里、沙窝里、激流里度过了120多个白天和黑夜,跑了120多个大队,跋涉5000多里,终于摸清了兰考"三害"的底细。全县大小风口84个,大小沙丘1600多个,淤塞的河渠、阻水的路闸……焦裕禄都调查得清清楚楚,并据此制定了科学的抗灾治害蓝图。在对"三害"进行摸底的过程中,焦裕禄经常住在农民的草庵子里,蹲在牛棚里,跟群众一起吃饭,一起劳动。他在群众中学到了不少治沙、治涝、治碱的办法,总结了不少可贵的经验。群众的智慧,使他受到极大鼓舞,也更坚定了他战胜灾害的信心。同时,他也对群众宣传党的政策,进行社会主义教育和除"三害"的思想动员,使得群众明确了前进的方向,振奋起抗灾自救的精神,点燃他们心头建设新兰考的火焰。

蓝图绘就了,群众的信心点燃了。焦裕禄感到,要改变兰考旧面貌,还必须发挥广大党员干部的模范带头作用。俗话说:"干部不领,水牛掉井。"为增强全县党员干部除"三害"的使命感,他经常组织大家学习《为人民服务》《愚公移山》等文章,要求党员干部与群众同甘苦、共患难,真正做到心不离群众,身不离灾区。为教育广大党员干部,在一个风雪交加的夜晚,焦裕禄将大家领到了火车站。兰考灾民穿着国家救济的棉衣,蜷曲拥挤在候车室里,欲往丰收地区讨生活……焦裕禄指着逃荒的灾民,心情沉重地对大家说:"他们的背井离乡是灾荒逼迫的,我们不能带领他们战胜灾荒,应该感到羞耻和痛心啊!"至此,一场轰轰烈烈的除"三害"斗争在兰考大地开展起来。

在除"三害"斗争中,焦裕禄率领干部、群众先进行小面积翻淤压沙、翻淤压碱、封闭沙丘试验,在取得成功经验后,才全面推广铺开。他和林业技术人员一道,研究泡桐的生长特点,带头植桐,在全县营造大片桐林,为尽快改变灾区面貌奠定良好基础。经过一年的苦战,除"三害"成效显著。为进一步开展除"三害"斗争,焦裕禄将前一阶段工作做了明细的总结。治沙：造林防沙，百年大计；育草封沙，当年见效；翻淤压沙，立竿见影；三管齐下，效果良好。治水：以排为主，灌、滞、涝、改兼施，夏秋两季观察，冬春干燥治理。治碱：翻淤压碱，开沟淋碱，打埂躲碱，台田试种，引进耐碱作物。这些精辟的总结，是焦裕禄除"三害"实践的产物，也是兰考人民除"三害"斗争的真实写照。

焦裕禄的心里永远装着人民群众。他常说，共产党员应该在群众最困难的时候，出现在群众面前。一个冬日的夜晚，凛冽的寒风裹挟着漫天的大雪，焦裕禄夜不能寐。第二天一大早他就带着县委一班人冒着风雪出发了。他忍着剧烈的肝痛，一连走访9个村子，没烤群众一把火，没喝群众一口水。在梁俊才老人家，老大爷卧床不起，老大娘双目失明。老大爷问："你是谁呀？大雪天来干啥？"焦裕禄回答说："我是您的儿子，毛主席叫我来看望您老人家的。"老大爷流泪了，说："旧社会，大雪封门，地主逼租，撵得我串人家的房檐，住人家的牛屋。还是党好，社会主义好。"

1964年春天，正当兰考人民除"三害"斗争节节胜利的时候，焦裕禄的肝病却越来越重了。工作时，他经常用一个硬东西一头顶着椅子，一头顶住肝部。时间久了，他坐的藤椅被顶出一个大窟窿。到了3月，他不得不住进了医院，诊断结果是"肝癌后期"。这是不治之症。护士噙着眼泪给他注射止疼针，他摇摇手说："我不需要了，省下来留给别的阶级兄弟吧！"5月14日，焦裕禄被肝癌夺去了生命，年仅42岁。他临终前对组织上的唯一要求，就是死后"把我运回兰考，埋在沙堆上。活着我没有治好沙丘，死了也要看着你们把沙丘治好"。

焦裕禄病逝后，毛泽东为他题词"为人民而死，虽死犹荣"。他在兰考担任县委书记时所表现出来的"亲民爱民、艰苦奋斗、科学求实、迎难而上、无私奉献"的精神，被后人称之为"焦裕禄精神"，激励着无数共产党人为实现中华民族的伟大复兴而奋勇前进。

"铁人"王进喜

身穿皮袄,手握刹把,目光刚毅,巍然挺立,这是王进喜留给世人的一幅"铁人"写真。

1923年10月8日,王进喜出生于甘肃玉门市赤金堡一个贫苦农家。在旧社会度过苦难童年的王进喜,于1950年春通过玉门矿招工,成为新中国第一代钻井工人。

在钻井队,他又勤快又能吃苦,各种脏活重活都抢着干。他常说,党把我们当主人,主人就不能像长工那样磨蹭、被动地干活。在这个朴素精神感召下,王进喜快速成长起来,1956年加入中国共产党,并担任贝乌5队队长。他带领5队在石油工业部组织的劳动竞赛中,提出"月上千,年上万,祁连山上立标杆"的口号,创造了月钻井进尺5009.3米的全国钻井最高纪录,荣获"钢铁钻井队"称号。从1953年到1959年,王进喜率领他的钻井队共完成钻井进尺71000米,相当于旧中国1907年到1949年钻井进尺的总和。

1959年9月,王进喜当选为新中国成立10周年国庆观礼代表和全国"工交群英会"代表。休会期间,王进喜看到北京街头行驶的公共汽车上都背着"煤气包",才知道国家缺油。作为一名采油工人,他感到一种莫大的耻辱,蹲在街头哭了起来。他决心为祖国甩掉这个"煤气包"而奉献自己的全部,甚至是生命。

1960年春,我国发现大庆油田,一场规模空前的石油大会战随即在大庆展开。王进喜率领他的钻井队从西北的玉门油田赶来,加入这场石油大会战。王进喜刚到大庆时,脚下荒原一片,朔风呼啸,滴水成冰,吃的是苞米面炒面,住的是四壁漏风的马棚。

没有公路,吊车、拖拉机不足,设备在火车上卸不下来。面对这种恶劣情形,王进喜没有丝毫退缩,斩钉截铁地说:"有条件要上,没有条件创造条件也要上!"他带领全队30多人用绳子拉,撬杠撬,木块垫,硬是将60多吨重的钻机一寸一寸地移到井场。打井需要水,可当时没有水管线,没有水罐车,为了抢时间他决定用脸盆端。有人说这是"瞎胡闹",没见过哪个国家端水打井。他说:"有,就在中国。"他表示,就是尿尿也要让机器转动起来。王进喜组织职工用脸盆端、水桶挑,硬是靠人力运水50多吨,保证了及时开钻。苦干五天五夜后,王进喜和他的钻井队以"宁可少活20年,拼命也要拿下大油田"的顽强意志和冲天干劲,打出了大庆第一口喷油井。

为多钻、快钻出好油,王进喜带领他的伙伴们认真学习科学技术,用40年代的老钻机,克服技术上的困难,打出全油田第一口斜度不足半度的直井,创造了用旧设备打直井的先例。他们发明了钻机整体搬家、钻头改进、快速钻井等多项技术革新,对改进钻井工艺技术做出了突出贡献,被油田党委授予"工人工程师"的光荣称号。

1960年4月,1205钻井队(原贝乌5队)准备往第二口井搬家时,王进喜右腿被砸伤。他缠着绷带,一瘸一拐地坚持在井场工作。由于地层压力太大,第二口井打到700米时发生井喷。因为当时没有压井用的重晶粉,王进喜当即决定用水泥代替。没有搅拌机,倒入泥浆池的水泥搅拌不开。危急关头,王进喜带头跳进齐腰深的泥浆池,用身体搅拌泥浆。

王进喜

在他的带领下，队友们纷纷跟着跳了进去。奋战3个多小时，大家终于制服了井喷，保住了油井和钻机。房东赵大娘看到王进喜整天领着工人没日没夜地干活，饭做好了也不回来吃，感慨地说："王队长可真是个铁人啊！"石油工业部部长余秋里得知后，连声称赞大娘叫得好，号召4万会战职工"学铁人、做铁人，为会战立功，高速度、高水平拿下大油田"！从此"铁人"王进喜家喻户晓。

1961年2月，王进喜调任钻井指挥部生产二大队大队长。他依旧每天深入一线，靠前指挥。在他的带领下，1205和1202两个钻井队于1966年同时实现了年钻井进尺超过10万米的目标，超过美国王牌钻井队和苏联功勋钻井队。新中国轰轰烈烈的石油大会战很快取得了显著成果。从1960年6月1日大庆运出第一批原油，到3年之后大庆油田会战结束，中国石油结束了用"洋油"的时代，基本实现自给。毛泽东非常高兴，发出了"工业学大庆"的号召。

长年累月高强度的艰苦工作，严重透支着王进喜的健康。1970年4月，"铁人"在北京301医院被确诊为胃癌晚期。当年11月15日，王进喜在北京病逝，年仅47岁。

王进喜虽然走了，但他首创的"不怕苦、不怕死，不为钱、不为名，一心为国家，一切为革命"的铁人精神永远鼓舞着后来者为国争光、为民族争气。

献身真理的张志新

张志新

张志新1930年出生于天津一个大学音乐教师家庭,父亲张玉藻曾参加过辛亥革命。高中毕业后,张志新被保送到天津师范学院学习。不久朝鲜战争爆发,她投笔从戎,因部队急需俄语翻译,又入中国人民大学学习俄语。1955年12月,张志新加入中国共产党。

1962年,张志新被调到中共辽宁省委宣传部当干事。她勤奋学习马列主义和毛泽东著作,善于思考,凡事总要问一个"为什么"。1966年"文革"刚爆发时,张志新也和大多数人一样,以极大的政治热情投入进去,可是随着运动的发展,许多事情使她感到迷惑:怀疑一切,打倒一切,群众分裂成几大派文攻武斗,由棍棒发展到机枪;大大小小的"当权派",都被戴上高帽,挂上大牌子,遭受屈辱和殴打,这就是"无产阶级文化大革命"吗?学校瘫痪了,工厂瘫痪了……这就是"无产阶级文化大革命"吗?

在家里,她对爱人曾真说:"老曾,这半个月我心里很乱,很不安,天津、北京到处在批斗、武斗,这样下去怎么得了?"在单位,她在和其他同志谈心的时候,又反复问:"你们说'文化大革命'是保卫毛主席革命路线,可是现在毛主席身边还有几个人了?中央委员、政治局委员打倒这么多,省委领导全靠边了,难道这些人都是敌人?……这里面有名堂!我对江青、叶群这些人根本不了解,对林彪就是不信任！"这些话，张志新还没来得及公开讲出来，她就同东北局、省委、省人委的干部一起被赶到了盘锦"五七"干校。

在干校的10个月，张志新白天和同志们一起拉车干活，夜晚就借着暗淡的灯光，认真研读马列主义和毛泽东著作，寻找答案，释疑解惑。她旗帜鲜明、系统地阐发了自己对党和国家一系列重大问题的见解："江青把很多电影、戏剧都批了，现在就剩几个样板戏，唱唱语录歌，这样搞下去，祖国的文化艺术不是越来越枯竭和单调了吗？""这样下去不堪设想！这不是树毛主席的威信，是树林彪自己的威信！""现在天天搞什么宣誓，搞这个形式主义干什么？毛主席的威望不是靠大树特树树立起来的，是在几十年革命斗争中自然形成的。"针对个人迷信、个人崇拜，到处搞"三忠于""四无限"，跳"忠字舞"，张志新尖锐地说："无论谁都不能例外，不能把个人凌驾于党之上。"……她明确地指出，"文革"破坏了党的团结，削弱了党的领导，影响了社会主义革命、建设事业的正常进行。

她的思考和言论很快给她带来了灭顶之灾！1969年9月24日，张志新被抓走了。她被钉上脚镣、戴上背铐，打进"小号"。为摧毁她的意志，"四人帮"的爪牙们挑动流氓、盗窃犯，无情地殴打、折磨张志新。那些罪犯甚至用对她的摧残换来"模范犯人"的称号，获得争取减刑的机会。

张志新没有屈服。在狱中，她写下了《谁之罪》。在这首明志诗篇中，她高歌："红心献革命，永不忘誓言！为真理而奋斗，誓死捍卫党。今天来问罪，谁应是领罪的人？今天来问罪，我是无罪的人！"在她的万言"认罪书"里，她无畏地高呼："高举着真理的火炬，走自己的路，让人家去说吧！想要革命么？你就应该是强者——这就是一个共产党员的宣言！"

施尽伎俩的"四人帮"的爪牙们面对正气凛然的张志新，气急败坏，他们决定对张志新下毒手了。1975年4月3日，他们对张志新加判死刑，并决定第二天即执行。4月4日清晨，管教人员问张志新："你还有什么话要说？"张志新坦然地说道："我的观点至死不变!"

  1979年3月31日,中共辽宁省委为张志新平反昭雪,追认她为革命烈士。

改革开放篇

(1978年12月—)

中共十一届三中全会揭开了中国改革开放的大幕,30多年来,中国人民取得了举世瞩目的成就。"杂交水稻之父"袁隆平在数年时间内不仅解决了中国十多亿人的吃饭问题,更对减少世界饥饿人口做出了卓越的贡献;"魔芋大王"何家庆自费只身深入西南山区,向贫困农民传授魔芋种植技术;吴孟超创立了独具特色的肝脏外科关键理论和技术,建立了中国肝脏外科的学科体系;杨利伟圆了中国人千年的飞天梦想,中国成为继美国和俄罗斯之后第三个掌握载人航天技术的国家……中华民族迎来了实现伟大复兴的光明前景。

"杂交水稻之父"袁隆平

从亚洲到美洲,再到非洲、欧洲,都在传播着他的名字,他用一粒小小的种子改变了世界。他,就是享誉世界的"杂交水稻之父"袁隆平。

袁隆平是江西九江人,1953年毕业于西南农学院农学系,被分配到湖南省黔阳地区的安江农校任教。在从教的日子,他始终坚持一边教学,一边科研,做到教学与科研、生产紧密结合。他曾按照米丘

袁隆平

林、李森科的遗传学理论进行无性杂交、嫁接培养等方面的试验,把西红柿嫁接在马铃薯上、把西瓜嫁接在南瓜上,虽得到一些奇花异果,但并没有得到经济性状优良的无性杂交种。这引起他的沉思,决心开阔视野,另辟蹊径。

1960年的一天,袁隆平被农校早稻品种试验田里一株"鹤立鸡群"的水稻吸引了:株型优异,穗大粒多。他仔细地数了数稻粒,竟然有160多粒,远远超过普通的稻穗。袁隆平如获至宝,将其留做试验的种子。但第二年试种的结果让人很失望,稻茎长得高矮不一,抽穗的时间早的早、迟的迟,稻穗大的大、小的小。袁隆平百思不得其解,根据传统的遗传学理论,纯种水稻品种的第二代应该不会分离,只有杂种第二代才会出现分离现象啊。思索中,袁隆平

突然灵光一闪:这难道是一株天然杂交稻？而当时遗传学的国际权威看法是水稻是自花授粉植物,不具有杂交优势。刚刚经历过三年困难时期、目睹了缺粮严酷现实的袁隆平,夜不能寐,决心不为权威所限,通过科学研究去破解水稻杂交的奥秘,立志用农业科学技术击败饥饿的威胁。时间一天天过去,袁隆平头顶烈日,脚踩烂泥,弯着腰一穗一穗地观察寻找。功夫不负有心人,在1964年、1965年的水稻开花季节里,袁隆平和他的科研小组找到了6株天然雄性不育植株,并进行了杂交育种试验。根据所积累的科学数据,他发表了论文《水稻的雄性不孕性》,预言通过进一步选育,可以从中获得雄性不育系、保持系和恢复系,实现三系配套,使利用杂交水稻第一代优势成为可能,从而带来大幅度、大面积的增产。这就是袁隆平首创的"三系法"杂交水稻。

　　杂交水稻的研究之路充满坎坷荆棘。刚找到研究方向的袁隆平就遭遇了"文革"的暴风骤雨,人被批斗,资料被毁,植株被连根拔起。在国家科委领导的关心下,1971年,袁隆平被调到湖南省农业科学院杂交稻研究协作组工作。1972年,国家科委把杂交稻列为重点科研项目,组织全国科研人员协作攻关。袁隆平将在海南找到的珍贵野生稻雄性不育株"野败"材料分发给全国30多个科研单位,用了上千个品种与"野败"进行上万个测交和回交转育的试验,扩大了选择概率,加快了三系配套进程。1973年,在全国杂交水稻会议上,袁隆平发表论文《利用"野败"选育"三系"的进展》,正式宣告中国籼型杂交水稻"三系"配套成功。1974年,袁隆平育成中国第一个强优势杂交组合"南优2号"。1975年,在湖南省委、省政府的支持下,杂交水稻获大面积制种成功。1976年,国家开始全面推广杂交水稻,全国种植达到208万亩,增产率全部在20%以上。此后的10年,全国累计种植杂交稻12.56亿亩,累计增产稻谷1000亿公斤以上,增加总产值280亿元,取得了巨大的经济效益和社会效益。群众交口称赞靠"两平"(邓小平、袁隆平)解决了吃饭问题,用朴实的语言说出了亿万中国农民的心里话。

随着杂交水稻的培育成功和在世界范围内的大面积推广,袁隆平名声大震。1981年,袁隆平被授予新中国第一个国家特等发明奖。1982年,国际水稻研究所学术会议首次公认袁隆平为世界"杂交水稻之父"。但在成绩和荣誉面前,袁隆平没有沉醉。他公开声称现阶段培育的杂交稻是"三个有余、三个不足",即"前劲有余、后劲不足;分蘖有余,成穗不足;穗大有余,结实不足"。他决心开展新的研究攻关。1986年,袁隆平在世界首届杂交水稻国际学术讨论会上提出了杂交水稻育种方法从三系向两系再向一系迈进的战略设想。该战略设想得到与会专家、学者的赞同,并被写进会议文件。1995年,两系杂交水稻研制成功并大面积生产,平均产量比"三系"增长了5%至10%。当全国农业界还在为"两系法"兴奋时,1997年袁隆平又提出超级杂交稻育种技术路线,并于2000年实现超级杂交水稻亩产700公斤目标,2004年实现亩产800公斤目标,2005年更是达到亩产900公斤,提前实现农业部制定的目标。

从1979年首次走出国门,目前中国杂交水稻已经在世界上三十多个国家和地区进行研究和推广。袁隆平这位"杂交水稻之父",在数年的时间内就解决了十多亿人的吃饭问题,不仅有力地回答了"谁来养活中国"的疑问,更对减少世界饥饿人口做出了卓越的贡献。

气象宗师叶笃正

叶笃正

"明天白天,晴天到多云,风力3到4级,最高气温12摄氏度……"每天听着天气预报,有谁会想到,一位耄耋之年的老人还在为天气预报系统的建立默默耕耘;有多少人知道,这位老人为我国气象学、大气科学和气象业务殚精竭虑。2005年,这位老人荣获国家最高科学技术奖。他就是我国气象学界的泰斗叶笃正。

叶笃正祖籍安徽安庆,1916年出生于天津一个大家族。恰好在这一年,中国有了第一份气候记录,冥冥中,叶笃正与气象学结下了不解之缘。1940年,叶笃正从西南联大地质地理气象系毕业,考入浙江大学史地研究所,跟随名师王淦昌从事大气电学研究。1945年,叶笃正被国民政府送去美国芝加哥大学留学,获博士学位后留校,师从世界著名大气物理学家罗斯贝做研究工作。他在博士论文《关于大气能量频散传播》中提出大气运动的"长波能量频散理论",被誉为动力气象学的三大经典理论之一;他在美国《气象杂志》上发表的学术论文《大气中的能量频散》,则被公认为动力气象学领域的经典之作。

1949年新中国成立,惊闻喜讯的叶笃正拒绝了美国气象局的高薪挽留,决定回国。他对导师说:"我觉得新中国是有希望的,我想为自己的国家做点事。"他朴实的话语感动了老师罗斯贝。为了便于签证，在老师的帮助下他恢复了学生身份。经过一年的等待，终于在庆祝新中国第一个国庆日时，叶笃正与妻子冯慧辗转回到了祖国。

回国后的叶笃正立即和竺可桢、赵久章等科学家一起投身到大气科学研究机构的筹建工作中。他被任命为中国科学院地球物理研究所北京工作站主任，在北京西直门内的一座旧房子里开始了艰苦创业。他带领十几个人，从怎样看天气图教起，从画最普通的高空图做起。此时我国天气预报业务亟待发展，如何提高我国天气预报的准确率是当时国家建设的重要需求。叶笃正和他的学生及合作者经过艰苦的研究和长期的观测，创建了东亚大气环流理论，有效提高了我国天气预报的准确率。在他的言传身教下，一批又一批年轻的气象工作者成长起来，原先的科研小组也逐步发展成国际知名的大气科学研究所。

"文革"结束后，百废待兴。1978年10月，叶笃正出任中国科学院大气物理所所长。他抱着"我是中国人，我给中国做事，我给中国老百姓做事"的信念，带领所里的同仁们进行了大量高科技的气象研究，在罗斯贝波的能量频散、大气运动的适应过程、东亚大气环流变化、青藏高原对大气环流和气候的热力效应等研究领域做出了系统而开创性的贡献。80年代初，叶笃正担任中国科学院副院长，在他的倡导下国际上兴起了"由于人类活动引起气候变化"的研究。全球气候变化研究是近30年来发展最快、影响最大的科学领域，它的影响不仅在科学本身，更重要的是对人类生存环境和社会经济的影响。叶笃正把全球气候变化和可持续发展联系起来，进一步提出"有序人类活动"的科学概念及其理论研究框架。现在，这个问题已经被全球所认识，它的影响已经超过科学界，延伸到政治、经济、外交诸多领域，深刻地影响着人类的生存和社会的发展。在叶笃正的建议下，中国在全球气候变化领域已建立一批国家重大科研项目。

叶笃正的座右铭是"求实、求实、再求实，认真、认真、再认真"，

多年来,他正是以此来要求自己,也如此要求他的学生。他说:"我最不喜欢唯唯诺诺的学生。你说什么,他都说'对''好'。总把'某某说的'挂在嘴边,这样的学生不行。我喜欢敢对我说'不'的人,并且能讲出自己的道理。""我的学生成果比我大,才是我的成功。"60多年来,他培养造就了几代优秀的中国科研工作者,仅大气科学界的中国科学院院士就有8人。叶笃正使中国的气象研究变成了一个系统工程。由于他和他的学生的共同努力,中国的气象科研始终与世界保持同步。

"我现在的时间总是不够用,还有很多工作要做。"叶笃正多年来总是随身带着本子,将自己想到的问题和偶尔闪现的灵感记下来,并敦促自己尽快行动。他说:"我想做的事情实在太多了,如果在离开这个世界的时候,能够完成大部分计划,人生将没有遗憾。"直至2013年去世,这位老人都没有停止自己钟爱的气象研究工作。

2010年5月4日,国际小行星中心发布公报通知国际社会,将国际编号第27895号小行星永久命名为"叶笃正星"。从此,天穹中又多了一颗以中国人命名的小行星。这是对叶笃正长期关注地球命运并做出杰出贡献的认可,是国际气象学界的最高荣誉,更是中国人的骄傲!

"中国肝胆外科之父"吴孟超

中国科学院院士、2005年国家最高科学技术奖获得者吴孟超被称为"中国肝胆外科之父"。如今,94岁的他依然坚守在手术台上,凭借精湛的医术一次次将患者从死亡的边缘拉回来。

吴孟超1922年出生于福建,5岁时跟随母亲去马来西亚投奔父亲。抗战烽火中,他毅然归国报效,由于未能去成延安,只得留在昆明以"读书救国",潜心医学。1949年,毕业于同济大学医学院的吴孟超进入华东军区人民医学院第一附属医院(现为第二军医大学第一附属医院),当上外科军医。1956年,他有缘师从"中国外科之父"裘法祖教授。裘老告诉他:"中国是肝脏疾病的高发区,但肝脏外科是一片空白,你如果有决心的话,今后可朝这个方向发展。"当时有一位外国肝脏专家认为:"中国在肝脏外科方面要赶上世界水平,至少要二三十年。"老师的点拨和外国同行的评价,让吴孟超当晚写下"卧薪尝胆、勇攀高峰"八个字,立志向肝脏外科这一禁区进军。

为掌握进入肝脏禁区的"密码",吴孟超从乒乓球厂买来赛璐珞做肝脏血管标本。先在赛璐珞里加入红、蓝、白、黄几种不同颜色,再分别从标本的肝动脉、肝静脉、门静脉和胆管注入,使得肝脏内部纵横交错的粗细血管全部充满。等待材料凝固后,再用盐酸腐蚀肝表面组织,最后用刻刀一点点镂空,剔除干净。这样,肝脏血管的构架就清晰地呈现出来,由粗到细,枝杈般向外延伸开来。经过4个多月的艰苦努力,中国第一具结构完整的人体肝脏血管模型终于灌注出来。至1959年年底,吴孟超共制作肝脏标本108

个、肝脏固定标本60个。通过制作标本，吴孟超对肝脏的内部构造以及血管走向了如指掌，烂熟于心。通过大量研究，1960年6月，吴孟超在第七届全国外科学术会议上正式提出："以中国人肝脏大小数据及其规律，正常人的肝脏解剖按内部血管走向可分为五叶六段，在外科临床上则分为五叶四段最为实用。"吴孟超的"五叶四段"理论沿用至今，为肝脏手术提供了关键性的解剖标识，成为探索肝脏新手术的理论依据和技术保障。

1960年3月，吴孟超成功完成了全国首例肝癌切除手术。这是国内肝脏病人第一次接受外科手术，万一不成功影响极大。吴孟超顶住巨大压力，实现了中国肝脏外科零的突破。1975年，吴孟超一刀为患者切除了迄今为止国内外最大的肝海绵状血管瘤。1983年，他为4个月大的女婴成功切下了重达600克的肝母细胞瘤，消息一经刊登就震惊了世界医坛。吴孟超的医术如此精湛，以至于被年轻医生们称为"魔鬼刀"。他的一双手曾为13600多名肝病患者解除病痛，并创下手术成功率最高、患者术后5年存活率最高的世界纪录。手术过程中，为解决肝脏出血这一重要难题，他创立了"常温下间歇肝门阻断"的肝脏止血技术；为掌握肝脏术后生化代谢的改变以降低手术死亡率，他研究发现了"正常和肝硬化肝脏术后生化代谢规律"，并据此提出纠正肝癌术后常见的致命性生化代谢紊乱的新策略；为进一步扩大肝脏外科手术适应证，提高肝脏外科治疗水平，他率先成功施行了以中肝叶切除为代表的一系列标志性手术。

为推动中国肝脏外科的研究，吴孟超创建了世界上规模最大的肝脏疾病研究和诊疗中心，培养了大批高层次专业人才，尤其是1978年以来，他共培养博士后研究员23名、博士研究生67名、硕士研究生85名。他领导的学科规模从"三人研究小组"发展到三级甲等专科医院和肝胆外科研究所，成为国际上规模最大的肝胆疾病诊疗中心和科研基地。他以个人历年来积蓄的数十万元和社会各界表彰奖励的400多万元为基础，设立吴孟超肝胆外科医学基金,奖励为中国肝胆外科事业做出卓著贡献的杰出人才。吴孟超和他的团队创立了独具特色的肝脏外科关键理论和技术,建立了中国肝脏外科的学科体系,使中国在该领域的研究和诊治水平居于国际领先地位。

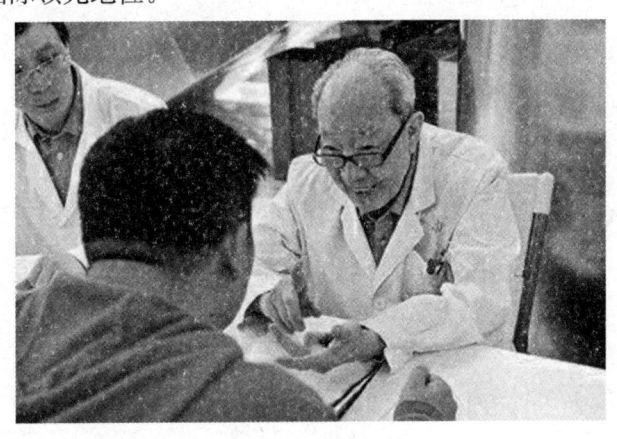

吴孟超为市民义诊

吴孟超不仅医术精湛,而且医德高尚。他常说:"为医之道,德为先。"医生对病人要有仁爱之心、责任之心和同情之心。这些年来,来找吴孟超看病的有农民、有工人、有学生……他们或贫穷,或富裕,或平凡,或显赫,吴孟超都热情接待、一视同仁。在他眼里,病人只有病情轻重之分,没有地位高低之别。一位老人术后进食困难,吴孟超来到病床前,一勺一勺地给他喂稀饭。当时很多人都以为这老人大有来头,打听之后,才知道他只是上海滩的一个流浪汉。冬天,吴孟超在给病人检查时,总是把手放在口袋里焐热了才去接触病人的身体。为了减轻患者的经济负担,他要求医生在保证药效的前提下,使用最便宜的药。他自己主刀做手术时,给患者用的麻醉药和消炎药都是最普通的,缝合创面切口从不用专门的器械,他说:"用器械'咔嚓'一声一千多块,我用手缝分文不要。"对于收受病人红包和拿药品回扣,吴孟超更是深恶痛绝。他说,医生是看病,不是"看钱"。如果连医生都患了"富贵病",那就是中国社会的悲哀!

　　"如果有一天我真的倒下,就让我倒在手术室里,那将是我一生最大的幸福。"大医精诚,这就是吴孟超的坚守。

"航天英雄"杨利伟

杨利伟,中国进入太空第一人,圆了中国人千年的飞天梦想。他的完美太空飞行,让世界记住了他的名字,也让中国成为继美国和俄罗斯之后第三个掌握载人航天技术的国家。

2003年10月15日,随着零号指挥员"点火!起飞!"口令的下达,杨利伟乘神舟五号载人飞船首次进入太空,顺利完成历时21小时23分钟的太空飞行,于次日清晨在预定地点准确着陆,全部操作没有出现一次失误。正如他返回地面迈出舱门时所

杨利伟

说的第一句话,"这是祖国历史上辉煌的一页,也是我生命中最伟大的一天",他的完美壮举赢得全世界的瞩目,也让每一位中国人为之骄傲和自豪。

为了这一完美壮举,为了中国的航天事业,杨利伟付出了太多不为人知的艰辛和努力。1965年6月,杨利伟出生于辽宁绥中县。杨利伟读高三的时候,空军要在当地应届高中毕业生中选拔飞行员,从小就有从军梦的杨利伟第一个报名。经过严格的选拔、考察、体检、面试等程序,18岁的杨利伟成为人民解放军空军飞行学院的一名学生。毕业后,杨利伟成为一名歼击机飞行员。作为一名飞行员,他曾多次遇到并成功处理空中险情。1992年夏,他

在驾驶战机做超低空飞行时,飞机发动机突然空中停车。这是飞行中最危险的事情,处理及时飞行员尚可跳伞逃生,操作稍有不当就会机毁人亡。凭借平时钻研好学、刻苦训练打下的扎实功底,杨利伟冷静处置,谨慎应对,最终安全驾机返回地面。

　　1996年,杨利伟接到通知,参加航天员初选体检,这让他十分激动。在初检通过后,他又被安排复检。由于太想入选,结果他提前3天就去了,护士和他开玩笑说:"你也太用心了吧!"航天员的选拔是严格的,要"过五关斩六将"。临床医学要对人体大大小小几十个器官逐一检查。航天员生理功能的检查,更是被人们形象地称为"特检":在离心机上飞速旋转,测试受试者胸背向、头盆向的各种超重耐力;在低压试验舱测试受试者上升到5000米、1万米高空时的耐低氧潜质;在旋转座椅和秋千上检查受试者前庭功能;还要测试受试者下体负压等各种耐力。几个月下来,886名初选入围者已所剩无几。杨利伟的临床医学和航天生理功能各项检查指标都是优秀。1998年1月,他和其他13位空军优秀飞行员一起成为中国第一代航天员。

　　迎接他们的第一个挑战是基础理论训练。"载人航天工程基础""星空识别""航天医学基础"等30多门课程全部从头学起。为了尽快掌握这些科学知识,杨利伟几乎每天晚上都学习到深夜。除了要掌握大量的理论知识,航天员还要进行各种艰苦训练:体质训练、飞行程序与任务模拟训练、心理训练、专业技术训练、救生与生存训练等。凭借坚韧的毅力、优异的身体和心理素质,杨利伟以突出成绩完成八大类58个专业的学习训练任务。至神舟五号载人飞船发射准备阶段,经专家无记名投票,杨利伟入选"3人首飞梯队",并被确定为首席人选。从那一刻开始,杨利伟全身心地投入飞天前的"强化训练"。

　　这时候的训练主要在飞船模拟器内进行。飞船模拟器是在地面等比例真实模拟飞船内环境,对航天员进行航天飞行程序及操作训练的试验场所。飞船从发射升空到进入轨道,再调姿返回地球,持续几十个小时,飞行程序指令上千条,操作动作百余个。舱内仪表盘的红、蓝指示灯密密麻麻,各种线路纵横交错,各种设施星罗棋布。要熟悉和掌握它们,只有依靠反复演练。为此,杨利伟把能找到的舱内设备图和电门图都找来,贴在宿舍墙上,随时记忆。他还用小摄像机把座舱内部结构和设施全部摄录下来,一有空就回放看。他曾自信地说,只要"我一闭上眼睛,座舱里所有仪表、电门的位置都能想得清清楚楚;随便说出舱里的一个设备名称,我立刻能够想到它的颜色、位置、作用;操作时要求看的操作手册,我都能背诵下来,如果遇到特殊状况,我不看手册也完全能处理好"。后来,在5次正常飞行程序考试中,他取得了2个99分、3个100分的好成绩,专业技术综合考评排名第一。这为他的飞天之旅奠定了坚实的基础。

出征太空的那一天,杨利伟坦然地走向发射架,背负着一个民族的期望去迎接挑战。他说:"从最坏的角度思考,这毕竟是一次冒险,但冒这个风险值得,我就是为了执行这个任务而来的。"火箭呼啸而上,杨利伟奔向了太空,浩瀚的太空从此写下了一个中国人的名字。

杨利伟在太空飞行中的杰出表现,让世界再次对中国人刮目相看。2003年11月7日,在庄严的人民大会堂,中共中央、国务院、中央军委授予杨利伟"航天英雄"荣誉称号并颁发"航天功勋奖章"。这是祖国对忠贞儿女的最高褒奖。

"当代保尔"张海迪

张海迪

张海迪,这个1955年出生的山东姑娘,5岁的时候,因患脊髓血管瘤导致胸部以下完全失去知觉,生活不能自理。医生们一致认为,像这种高位截瘫的病人一般很难活过27岁。

在残酷的命运面前,张海迪没有沮丧,没有沉沦,她以顽强的毅力与病魔做斗争。她在日记中写道:"我不能碌碌无为地活着,活着就要领悟,就要多为群众做些事情。既然是颗流星,就要把光留给人间,把一切奉献给人民。"她虽然没有机会走进校园,但自学了英语、日语、德语和世界语,攻读了大学和硕士研究生的课程。为了学习英语,她在墙壁上、桌子上、台灯上、镜子上乃至手上、胳膊上都写满了英语单词,还规定每天晚上不记10个单词就不睡觉。家里来了客人,只要会点英语的,都成了她的老师。经过几年的努力,她不仅能够熟练地阅读英文版的报刊和文学作品,而且翻译了英国长篇小说《海边诊所》。当她把译稿交给某出版社的总编辑修改时,这位年过半百的总编辑感动得流下热泪,一气呵成为该书写下序言《路,在一个瘫痪姑娘的脚下延伸》。

15岁的时候,张海迪跟着父母下放莘县尚楼大队。在农村,她发现村里的小学没有音乐教师,就主动到学校教孩子们唱歌。

课余她还帮助孩子们组织自学小组,给学生理发、钉扣子、补衣服。为改变村里缺医少药的现状,她萌生了学习医术帮助群众解除病痛的念头。同时,学习医术也可以给自己看病,减轻父母的负担。说干就干,她用零用钱买来医学书籍、体温表、听诊器、人体模型和药物,先后自学了《针灸学》《人体解剖学》《内科学》《实用儿科学》等医书。学习针灸时,为了熟悉穴位,她在自己身上画上红红蓝蓝的点儿,反复练习扎针。苦心人,天不负,短短的几年时间,她居然成了当地的"名医",为群众义务治疗达一万多人次。只要有人求医,她就热情接待。重病号不能行动,她就坐着轮椅登门给病人扎针、送药。有一位耿大爷,因病不能说话,且瘫痪了很多年,一直没有治好。张海迪得知后,一面在精神上鼓励耿大爷战胜疾病,一面翻阅大量医学典籍,精心为耿大爷治疗。一段时间后,耿大爷居然能开口说话,也能慢慢走路了。

28岁时,张海迪决定进行文学创作。她的写作过程是非常痛苦的,因为长期卧床,她得了大面积的褥疮,骨头都露出来了;她又动过几次手术,其中鼻癌手术甚至是在没有麻醉的情况下实施的,她能清晰地感觉到刀把自己的鼻腔打开,针从自己的皮肤穿过。第一次听说自己得了癌症,她心中竟然有一丝欣喜——终于可以解脱了。张海迪曾说:"我最大的快乐是死亡。"但是,她活了下来。既然活了下来,就得继续拼搏。她先后翻译了《丽贝卡在新学校》《小米勒旅行记》《莫多克——一头大象的真实故事》等数十万字的英语小说,出版了长篇小说《轮椅上的梦》《绝顶》,以及散文集《鸿雁快快飞》《向天空敞开的窗口》《生命的追问》等。其中《轮椅上的梦》在日本和韩国出版,而《生命的追问》出版不到半年,即重印4次,获得全国"五个一工程奖"图书奖。在此之前,这个奖项从来没有颁发给散文作品。

怀揣着"活着就要做个对社会有益的人"的信念,多年来张海迪做了大量的社会工作。她以自己的演讲和歌声鼓舞着无数青少年奋发向上,她经常去福利院、特教学校、残疾人家庭,看望孤寡老人和残疾儿童,给他们送去生活必需品和温暖。她资助当年下放的农村建设一所小学,帮助贫困和残疾儿童治病读书。她热心倡导为灾区和孩子们捐款,并率先捐出自己的稿酬6万余元,要知道这是高位截瘫的她在病床上忍住剧痛写作挣来的。她长期任职于各级残联组织,积极组织开展残疾人事业,呼吁全社会都来支持帮助残疾人,激励他们自强自立。她为中国残疾人事业的发展做出了突出的贡献,成为残疾人的杰出代表。2008年,张海迪当选中国残联主席。2012年,连任中国残联主席的张海迪荣获"亚太残疾人权利领袖奖"。

1983年,团中央授予张海迪"优秀共青团员"称号,《中国青年报》以"是颗流星,就要把光留给人间"为题,介绍张海迪的光荣事迹。她被誉为"80年代新雷锋""当代保尔"。邓小平亲笔为她题词:"学习张海迪,做有理想、有道德、有文化、守纪律的共产主义新人!"中共中央发出《向张海迪同志学习的决定》,号召全国人民学习她积极进取、无私奉献的精神。

面对显赫的声誉,张海迪平静地说:"当你突然面对那么多的闪光灯、笑声、掌声,调整自己最重要,该做什么还是做什么,必始终像一泓碧水,那么蓝,那么深。"

"雷锋传人"郭明义

1977年1月,郭明义加入了人民军队。那一天,鞍山军分区副政委、老红军余新元亲手把郭明义送上运兵的专列。17年前,在辽阳火车站,余新元还曾把另一个鞍钢矿山的小伙子送上军列,这个小伙子的名字叫雷锋。从此,雷锋就是郭明义的榜样。

郭明义

从一登上军列,郭明义就开始帮助列车员打扫卫生、送开水。在部队,他每天早上总是天不亮就起床,冒着严寒外出挑水。挑满水缸后,为了能让战友们起床后用上热水,他又忙着砍柴、生炉子、烧水。1979年,云南发生地震,郭明义专门请假步行20多里路,赶到邮局将积攒的100多元津贴寄往灾区。要知道,当时他每个月的津贴只有六七元钱。有一次,一名战友开的汽车出现故障,在冰天雪地里折腾了半天也没修好。郭明义脱下大衣,冒着零下40摄氏度的严寒钻到车底,躺在厚厚的冰雪上一修就是40多分钟。等到故障排除时,他已经被冻得站不起身来。入伍第二年,郭明义就入了党,并被评为师"学雷锋标兵"。

1981年,郭明义从部队复员到鞍钢齐大山铁矿。他先后从事过6种工作,无论在什么岗位上,他都能做到"最好"。在做大型生产汽车司机时,他创造了单车年产量的新纪录;任车间团支部书记期间，他所在的支部成为全矿的标杆；在宣传部任理论教育干事时，他撰写的党课教案在矿业公司评比中获得一等奖；在车间做统计员兼人事员期间，他参加了统计员资格全国统考，是当时矿业公司唯一获得资质证书的人。原来不识"ABC"的他，硬是通过自学考入英语强化班进修一年，担任了电动大型矿石转运车的现场组装英文翻译兼驾驶员，24小时为外方工程技术人员服务。一起工作3年，外方人员为感谢郭明义对他们的照顾，多次要给他钱物作为酬劳，他全都谢绝了。但是合作归合作，感情归感情，在原则问题上郭明义可是一点都不含糊。他前后发现了5台进口设备有质量问题，让外方赔偿了10万美元。通过一件件小事，外方人员看到了郭明义的能力与品格，对他更加敬佩。一家外国公司的中国区总管两次力邀他去任职，承诺可以给他当时工资6至7倍的报酬，然而，郭明义不为所动，婉言谢绝了。

1996年，郭明义调任采场公路管理员。他每天都提前2个小时上班，15年累计献工15000多小时，相当于多干了5年的工作量。管理员负责全矿采场公路的规划设计、检查验收和管理考核，是个技术岗位。本来他只需坐在办公室里打打电话，隔些天去趟现场督察一番就行了，但他常在采场公路现场办公。采场公路是由碎矿石铺成的，雨雪天是泥浆绊脚，刮风天则飞沙走石，冬天寒风刺骨，夏天热如蒸笼，连个遮风避雨的地方都没有。有人曾问郭明义："有必要这么做吗？"他微笑回答："不这么做，心里就不踏实啊。"由于他常年在一线工作，熟悉情况，所以他制定的养路技术标准、考核办法等均在国内领先，采场的主、次干道路面维护质量逐年上升，星级公路达10公里，达标合格率达98%。

从1990年齐大山铁矿号召职工义务献血开始，郭明义坚持无偿献血，20年累计献血6万毫升。他还带动更多人加入无偿献血的队伍。1994年，郭明义观看了帮助濒临失学儿童的电视短片，孩子们渴望的目光深深刺痛着他的心。第二天，他就向岫岩山区一名失学儿童捐款200元，十几天后，又给这孩子寄去200元。此时的郭明义月收入不足 600 元。得知一名贫困学生需要一辆自行车上学，他又立刻把自己价值 300 多元的凤凰牌自行车给了这名学生。15 年中他共捐款 7 万多元，帮助 180 多名贫困儿童走进校园。他自己一家三口人却长期挤住在一间不到 40 平方米的斗室里。

对于郭明义的行为，开始好多人不理解，有人甚至送他一个绰号"郭傻子"。但 20 多年来，越来越多的人和"郭傻子"站到了一起，越来越多的人加入了"郭明义爱心团队"。

"当代雷锋"郭明义的感人事迹在全国各地广泛传播，习近平总书记指出，雷锋、郭明义、罗阳身上所具有的信念的能量、大爱的胸怀、忘我的精神、进取的锐气，正是我们民族精神的最好写照，他们都是我们"民族的脊梁"。

"魔芋大王"何家庆

何家庆是安徽安庆人,他因多年研究魔芋并自费只身深入西南山区向贫困农民传授魔芋种植技术而被誉为"魔芋大王",为科学扶贫做出了突出贡献。

1949年出生于板车工人家庭的何家庆,大学毕业后在安徽大学生物系任教,从事植物分类学和药用植物学的研究与教学。对专业知识的执着追求使何家庆萌生了考察大别山的念头。横贯鄂豫皖三省的大别山,是生物资源的宝库。1910年,法国传教士曾来到大别山,仅在白马寨一隅采集到的植物标本,即已被视为珍宝。尽管长期坚持克勤克俭,但何家庆依然难以成行。80岁的父亲知道儿子的心愿,特意从安庆赶到合肥雪中送炭。打开父亲的包,何家庆惊呆了,4000元钱是一大堆10元、5元、2角、1角的票子集成的。与钱在一起的还有记在烟纸上的账单,上面记着何家庆上学期间国家、老师、同学的资助。在账单的后面,父亲写道:"读共产党的书,拿共产党的钱,好好学习,努力向上,以求深造,成长后要成顶天立地之业,才对得起党,对得起人民。"老父的教诲,何家庆铭记在心。1984年3月,何家庆踏上考察大别山之路。225天,他步行12684公里,途经3省19个县境,先后攀登1000米以上的山峰357座,采集植物标本3117种号,近万份,成为有史以来第一个全面考察大别山的人。在大别山,何家庆经历了生与死的考验——狼群围攻,孤悬陡崖,突遇山洪。他的考察,为大别山区大农业生态研究提供了科学依据,对研究植物地理学和植物分类具有重要意义。尤其是他对大别山生物资源保护和开发的意见,引起中央的重视。他撰写的考察报告更为中央实施山区星火计划提供了直接依据。

1990年至1992年,何家庆担任绩溪县副县长,分管科技工作,被当地百姓称为"焦裕禄式的县长"。上任仅半年时间,他就步行800公里,跑遍了23个乡,爬过了所有的山头,并迅速写出《绩溪县野生植物资源开发》一书,破天荒地举办绩溪县野生植物资源展览。群众惊醒了,穷山原来并不穷,只缘身在山中不识宝啊。在绩溪,何家庆选择了喜湿、喜阴、耐瘠薄,适合山区生长的魔芋加以推广。魔芋富含葡甘露聚糖,在食用、医药、工业等领域有广泛用途,经济价值巨大,是山区脱贫致富的宝贝。为了消除农民顾虑,他自己掏钱从湖北引种,在全县选择31个点进行试种,并到田间地头进行指导,结果500亩魔芋全面丰收,收益超过400万元。挂职期满了,老百姓舍不得何家庆离开,他又留任了半年。在绩溪的850天,何家庆有697天在贫困乡度过。

何家庆(中)在给群众讲解魔芋种植方法

大别山区、皖南山区民众的贫穷深深地震撼着何家庆的心灵。有人却告诉他,西南部山区的贫穷甚于东部,于是他萌生了去西南山区科学扶贫的念头,因为西南山区更适合魔芋生长。1998年2月,何家庆背起行李,瞒着妻子、女儿,带着10年积攒下来的2万余元,怀揣单位介绍信和一张刊登国家"八七"扶贫计划贫穷县名单的《光明日报》，孤身一人起程了。这一走，就是305天。何家庆途经安徽、湖北、重庆、四川、浙江、湖南、广西、云南8个省（自治区、直辖市）、108个县、207个乡镇、426个村寨，行程31600公里，其中步行400公里。何家庆的西南山区科学扶贫之路，是一条饥寒交迫、生死交织之路。他被毒蛇咬伤差点死去；误食野果充饥，死神与他擦肩而过；山洪暴发时，他几乎被洪水冲走；两次遭劫使他身无分文，靠乞讨前行。一路上，他不间断地传授魔芋栽培、病虫害防治技术，办培训班262次，受训人数逾2万人，指导了57家魔芋加工企业。令何家庆欣慰的是，山区的人们把他当亲人、当救星，他们杀了老母鸡煨汤给他补身体……12月28日，满身病痛的何家庆回到合肥，回到家他一睡就是一个月。

党和人民没有忘记何家庆为科学、为山区扶贫，舍生忘死做出的突出贡献，为表彰和弘扬何家庆为人民服务的思想和奉献精神，他先后被授予"全国扶贫状元""全国科技扶贫杰出贡献者""全国优秀科技工作者"等光荣称号。

"人民的孺子牛"牛玉儒

背负着草原人民的幸福，牛玉儒用自己的实际行动生动地诠释了"俯首甘为孺子牛"的公仆本色，被称为新时代共产党人的楷模。

1952年11月，牛玉儒出生于内蒙古自治区一个革命干部家庭。牛玉儒6岁那年，母亲病逝。父亲无力照顾孩子，就把牛玉儒和他的二哥、小妹送到了乡下，和奶奶、二叔生活在一起。艰苦的生活磨炼了牛玉儒的意志，也培养了他与群众息息相通的情感。

牛玉儒

1977年，25岁的牛玉儒被任命为通辽县莫力庙公社党委书记。当时，"文革"刚结束，百废待兴。牛玉儒一上任，就风风火火忙起来。仅一年时间，他就带领大家修了1200多亩水浇田，打了40多眼井，造林5000亩。产粮245多万斤，粮食产量创历史之最。

1996年5月3日，包头发生6.4级地震。牛玉儒临危受命，担任包头市委副书记、代市长。他化灾难为机遇，抓住灾后重建的机遇，进行城市改造和建设，实施了一大批城市基础设施建设工程，使城市面貌和人居环境发生显著变化，包头市先后跨入全国园林绿化、安居工程先进城市行列。人们都说，老天爷震倒了一座旧城市，牛市长给我们"驮"来了一座新城市。牛玉儒特别关注民生，他曾对助理说："你就帮我抓好一件事，那就是劳动保障和再就业工作。这个事是天大的事，是我最担心、最不放心的一件事。"2000年，牛玉儒在手里只有1000万元市长预备金的情况下，拿出500万元支持社会保障事业。由于工作超前，措施得当，当年包头市养老保险、失业保险覆盖面均达到100%。同时，他狠抓国有企业改革和经济结构调整，组建了一批大型企业集团，成功地推进了稀土高科、华资实业、钢联股份、北方重汽等企业上市，有力地促进了市民就业，提高了财政收入。

2003年4月10日，牛玉儒就任呼和浩特市委书记。上任第三天，"非典"疫情迎面而来。疫情凶猛！就在这时，牛玉儒来到百姓中间，来到最危险的"非典"医院、疫情社区、垃圾清理场……连口罩都没戴，他就和身穿防护服的医护人员一一握手，现场解决划定病区、后勤保障等问题。看到书记都这样，人们悬着的心落了下来。此后40多天里，牛玉儒走遍了社区街巷，抢时间建成占地500亩、480个病房、800张病床的SARS救治中心，为战胜"非典"疫情起到了重要作用，交出了令老百姓满意的答卷。40多天没回过家的牛玉儒整整瘦了6斤，但他在百姓心中的形象更高大了。

在抗击"非典"的过程中，牛玉儒还时时注意倾听百姓的心声。当时人们议论，呼和浩特市就像个"大嘎查"（蒙古语村庄的意思）。这句话令他寝食难安。不顾身体的疲惫，他又发起了一场以改变城市面貌为重点的新"战役"。烈日炎炎，尘土扑面，牛玉儒徒步几公里，实地察看市区环境整治情况。他反复叮嘱城建部门的同志，"搞城市建设，就像装修自己家一样。哪些地方需要装修，怎么装修，必须时时做到心中有数"。而这"心中有数"是牛玉儒用脚步丈量出来的。在呼和浩特市，城建部门的同志最怕他下班时间打来电话——准是牛书记在街上转悠时又发现了问题。呼和浩特市气候干燥，车一开过，马路上总是尘土飞扬，传统的清扫工具很难彻底清除地面浮尘。牛玉儒专门开会讨论此事，并拨出专项资金购买机扫车。经过一年多的整治建设，城市面貌得到根本改观，街道宽了，绿地多了，路灯亮了，人居环境得到了大幅度的改善。

市容环境的改变为招商引资创造了条件。为了寻求新的经济增长点，为了"引企、引资、引智"，牛玉儒在呼和浩特市任上不到500天的时间里，竟有200多天在外出差招商，人们戏称他是"空中飞人"。仅2004年3月20日至24日，牛玉儒就跑了6个城市，从东到西，从南到北，行程一万多公里。

繁重的工作终于将牛玉儒累倒了。2004年4月，一直用止痛片对付"胃痛"的牛玉儒，被检查出是结肠癌肝转移。住院那天，他恳求医生尽快把手术做完，他要争取术后3天下地、7天拆线、15天就能回去工作。他对妻子谢莉说："我对呼和浩特市老百姓的承诺还没有兑现，我要干的事儿还多着呢！"15天后，牛玉儒却没能出院回去工作，他开始了痛苦的化疗。化疗中，只要体力有所恢复，他就在病房里办公。他从早到晚不停地通过电话部署工作，不停地与身边工作人员探讨工作，并3次返回呼和浩特市现场查看工作进展。2004年7月16日，牛玉儒带病主持了呼和浩特市委九届六次全委会议，进一步描绘了呼和浩特市经济社会发展的宏伟蓝图。谁也不会想到，台上这个充满激情、忘我工作的人已经病入膏肓。8月14日，牛玉儒永远离开了他无限眷恋的大草原。

牛玉儒虽然去世了，但"你是孺子牛，风里来雨里走。默默耕耘在草原，足迹化绿洲。躬身千家事，真情付老幼。知冷知热知人心，事事暖心口。啊，牛玉儒，孺子牛，一心只为百姓好，不图芳名千古流……"在草原上永远传唱。

无私奉献的杨善洲

杨善洲

绿了荒山,白了头发,他造福百姓;老骥伏枥,意气风发,他心向未来。他在工作生涯里的一切作为,都是为了不辜负人民的期望。他,就是保山原地委书记杨善洲。

杨善洲1927年出生于云南施甸县农村,1951年5月参加工作,第二年即加入中国共产党。他从乡农会的小队长干起,全心全意为人民服务,始终保持艰苦朴素的本色,一直干到保山地委书记。保山5个县99个乡,每一个乡都留下了他的足迹。每次下乡,他都把锄头带在身边,与农民一起干活,一起拉家常,切实了解百姓的冷暖与需求。他下乡从不给群众增加负担,都是自己掏钱吃饭,看到群众有困难,还尽其所有帮助他们。

他在担任施甸县委书记时,组织上提出把他爱人转为城镇户口,他谢绝了。1978年,组织部门有文件规定他家除大女儿外,都符合进城的条件,但他说:"身为领导干部,我应该带个好头。我相信我们的农村能建设好,我们全家都乐意和8亿农民同甘共苦建设家乡。"1986年,当地的一位副乡长在杨善洲家看到杨善洲的老伴和女儿们正在吃苞谷饭,才得知老书记家里的粮食不够吃只好用苞谷掺在米饭里。他流泪了,当即给老书记家里拉去两袋救济粮。杨善洲知道后,批评他说:"好多人家连苞谷饭都吃不上呢,接济要接济比我们更困难的家庭。"他当即叫家里人将粮食退了回去。

1988年4月,杨善洲到年龄光荣退休了。省委书记找他谈话,让他搬到昆明居住,并可以到省人大常委会工作一段时间,但杨善洲婉言谢绝了。他说:"我要回到家乡种树,为家乡百姓造一片绿洲。"杨善洲的家乡就在大亮山脚下的姚关镇陡坡村。大亮山曾经也是林木参天,浓荫蔽日,小溪潺潺,但在大炼钢铁时期,大量的树木被砍掉了。其后,当地的贫困农民因为缺衣少粮,也开始大规模毁林开荒,原本翠绿的大亮山山石裸露,溪流枯竭,一片荒凉。当地农民不得不到几公里外的地方人挑马驮饮用水,周边十几个村也陷入"一人种三亩,三亩吃不饱"的贫困境地。杨善洲眼见大亮山周边群众生活困难,忧心忡忡,决定一退休就回来改造这座大山,为群众做点实事,让群众早日摆脱贫困。他说:"我答应退休以后帮乡亲们办一两件有益的事,许下的承诺就要兑现。至于具体做什么,经过考察我认为还是为后代造林绿化荒山比较实在,这既对全县有利,也对当地群众生产、生活有利。"家乡人劝他说:"你到别处去种吧,这地方连野樱桃和锯木树都不长。"但杨善洲的决心没有动摇。

退休的当天,他就背起铺盖,赶到了大亮山脚下。在地、县林业部门专业技术人员详细调研的基础上,他在大亮山成立造林指挥部,亲自担任指挥长,将林场职工和大亮山周边的村民进行分工,大家团结协作。群众都说:"老书记这么大年纪的人,不住城里住山里,为的是给咱老百姓造福,咱们还有什么可说的。办什么事,就老书记一句话,说什么我们都支持!"山上没有住的地方,杨善洲就搭建了一个简易窝棚,十来年后才改建成油毛毡房;没有钱买苗木、树种,他就带着林场工人到街上捡果核育苗;没有肥料,大家就一起去拾牛粪、猪粪。地委书记捡果核、拾牛粪成了当时保山地区的新闻。1999年11月,杨善洲在劳动时不幸滑倒,左腿粉碎性骨折，但半年后他又挂着拐杖执意爬上了大亮山。

二十多年过去了，从一棵树到一片林到一座山，原本光秃秃的荒山变成了山清水秀、鸟语花香的大林场。山变绿了，杨善洲的头发全白了。现在林场靠拦截山间径流，承担着3个乡镇约2.5万人的饮用水供给和两个糖厂的蔗区灌溉任务；建有一所木材加工厂，加工抚育间伐的林材，群众的收入逐年增加。2009年4月，杨善洲将面积5.6万亩、活立木蓄积量价值超过3亿元的大亮山林场经营管理权无偿上缴给了国家。以至于当地流传着一首民谣："杨善洲，杨善洲，老牛拉车不回头，当官一场手空空，退休又钻山沟沟；二十多年绿荒山，拼了老命建林场，创造资产几个亿，分文不取乐悠悠……"

杨善洲虽然是大亮山林场的义务承包人，但他并没有从林场拿钱。最初的几年里，林场只给他每月补贴70元伙食费，后来调到100元。不仅不要钱，杨善洲还要经常给林场贴钱。2009年年底，保山市委、市政府颁发给杨善洲特别贡献奖，并给予一次性奖励20万元，他将其中的10万元捐给了保山一中，另外10万元捐赠给林场和附近的村子搞建设。杨善洲说："我只是在尽一名共产党员的职责，只要活着，我就有义务和责任帮群众办实事。"

2010年10月，杨善洲因病去世。他留下的全部家当是一张床、一张书桌、两个小坐凳、一个火盆、一把水壶、四个小碗以及几件劳动工具。他用生命践行着"为群众做一点实事不要任何报酬"的诺言，给我们这个民族，给子孙后世，留下了一片绿荫和一种精神。

女神警任长霞

任长霞是河南睢县人。1983年,任长霞从警校毕业后加入公安队伍。从警21年,她协助破获大案要案1072起,追捕犯罪嫌疑人950人。在担任郑州市公安局技侦支队支队长期间,她多次深入虎穴,化装侦察,先后打掉7个涉黑团伙,抓获犯罪嫌疑人370多名,被誉为女神警。

2001年,任长霞调任登封市公安局局长,为河南省公安系统有史以来的第一位女公安局长。当时,任长霞面临的

任长霞

形势非常困难:民警队伍涣散、积案堆积如山、群众怨声不断,行风评议在全市年年倒数第一。到任后,任长霞深入基层调查摸底,跑遍了登封17个乡镇、区派出所,找到了问题的症结所在。她首先从"从严治警"入手,力除干扰,将18名长期不上班、旷工、迟到以及有违法违纪行为的民警开除或辞退,或移交司法机关处理。此举令全市民警的精神面貌焕然一新。

在整顿队伍、严肃警纪的同时,任长霞将全部精力集中到破大案、积案上,打响了一场又一场攻坚战。面对辉煌的战绩,干警和群众服了。大家都说:"咱登封来了个女神警,案发一起就破一起。"

浮在面上的刑事案件告破了,任长霞又开始着手解决困扰社

会治安的深层次问题,挖根清源。2001年4月23日,她从一封平常的群众来信中了解到,松颖避暑山庄老板王松纠集家族成员、两劳释放人员在白沙湖一带,横行乡里,敲诈勒索,无恶不作。她决心挖掉这颗毒瘤。4月29日,王松的手下因参与作案被抓获,王松企图用钱打通关节,救出这几个"弟兄"。5月1日晚,王松来到任长霞办公室,随手甩出一沓钱,说:"手下人捅了娄子,请任局长高抬贵手,网开一面。"任长霞严词拒绝,并将计就计,指令民警将王松一举擒获。

与此同时,任长霞抽调20余名民警成立控申专案组,按照"立足化解,妥善处置"的思路,变上访为下访,变被动为主动,将控申工作作为一项民心工程,纳入工作的整体目标。她把每周六定为局长接待日,倾听群众呼声。据不完全统计,3年来任长霞共接待群众上访3467人次,使476户老上访户罢访息诉。她被广大人民群众赞誉为"任青天""女包公"。

短短几个月时间内,登封市公安局查结1998年以来控申积案71起,百姓交口称赞。

任长霞侠骨柔肠。2001年5月,登封市大冶镇西施村煤矿发生瓦斯爆炸事故,13名矿工遇难,11岁女孩刘春玉成了一名孤儿。任长霞得知后便主动承担起刘春玉生活和学习的全部费用。受此启发,2002年,任长霞在全局开展了"百名民警救助百名贫困学生"活动,126名贫困学生获得救助,重新回到了课堂。孩子们都亲切地称呼她"任妈妈"。

繁重的工作、百姓的安宁,几乎占据了任长霞全部的时间,她已经记不清多长时间没有回家了。14岁的儿子实在太想妈妈了,又想给她个惊喜,就只身一人从郑州家中骑自行车到80多公里外的登封来看她。自行车碰上路边的大石块摔坏了,儿子胳膊、腿、肚子也被擦伤了。当她看到一身尘土、满脸煤灰、衣服鞋子全摔破的儿子时,眼泪夺眶而出。

2004年4月14日晚,任长霞在破案途中遭遇车祸,不幸因公殉职,年仅 40 岁。据主治医生介绍,抢救过程中,大夫打开任长霞的腹腔,发现胃里一粒米都没有。她太忙了啊!她把最美的生命留在了嵩岳大地,用满腔的热血捍卫了一方平安,用自己的实际行动在百姓心中树起了一座共产党人的丰碑。

"泥脚书记"邓平寿

邓平寿

他是一个土生土长的农民,在党的培养下,成为主政一方的镇党委书记。他"把自己的一切交给党安排",党叫他干啥就干啥。为了践行这朴实却崇高的承诺,他扎根偏远的农村30多年,直至倒下。他,就是被群众亲切地称为"泥脚书记"的邓平寿。

要想富,先修路。邓平寿主政的虎城镇,是山城重庆梁平县的一个偏远乡镇,长期以来交通不便,仅有的几条村级公路"落雨像块糕,天晴像把刀",农民出村大都穿草鞋。这严重制约着虎城的经济发展。邓平寿到任后,发誓一定要建好虎城的村组公路网。他在公路建设动员会上说:"虎城农民不脱草鞋,我永远穿草鞋!"为了修路,他带头捐款,每年不少于3000元;为了赶进度,他带头挖路基、抬石头、搬材料。晚上,别人休息了,他又回到办公室处理事务。因为积劳成疾,他多次晕倒,但仍然边输液边工作。他常说:"管你金生银生,把老百姓的路修好了才是你的人生!"在他的带领下,短短的几年时间,虎城实现了县道连村道、村道连组道、村组公路进农户的交通网,成为重庆市最早实现水、电、电视、电话、公路"五通"的乡镇。农民不但穿上了皮鞋,还习惯了坐车。公交车、出租车、摩托车来来往往,人民安居乐业,一派祥和。

虎城镇是一个农业大镇,柚子和蚕桑是传统农业项目。到任后,邓平寿经过认真调研,提出"耍好一条龙,壮大一根虫"的发展思路,大力发展虎蜜柚产业和栽桑养蚕业。为鼓励大家发展优势特色农业,他带着镇里的干部天天给群众做工作,并邀请农业大学的蚕桑专家到虎城给农民讲解新技术、传授科学的养殖方法。邓平寿下村从来不坐小车,常年背一个挎包,包里放着桑剪、嫁接刀、蚕药。在路上,他看到农民在修剪桑枝,就摸出剪刀一起剪一会;他看到谁家的蚕有病了,就拿出蚕药给喷一喷。在和群众一起劳动、一起拉家常的过程中,他听到了群众的心里话,知道了群众的所想所需。他常说:"做事难,但关键还在于我们怎么对待。我认为,只要真心付出,就一定会有回报,群众就会理解你、支持你。"

一次下乡,邓平寿听说养蚕大户罗立德的三张蚕不吃桑叶,便立即赶过去。经过仔细观察,最后确定蚕是轻微农药中毒,他马上从随身挎包里拿出蚕药救治。只半天时间,蚕就恢复了正常。为大力发展柚子产业,邓平寿邀请农业大学的教授和县科委、县农业局的科技人员对全镇的果农进行规范化的技术培训,还带头在家里种植果树,进行虎蜜柚的嫁接改良,并让群众前来参观学习。经过改良,虎城镇种植的"猫儿寨"牌虎蜜柚荣获国家金奖,远销港澳地区。

邓平寿一手抓基础设施建设,一手抓特色农业发展,迅速把虎城镇从一个山区穷镇变成远近闻名的富裕镇。但老百姓都知道,农民富裕了,可他们的邓书记依然很穷。邓书记可以每年捐出几千元钱修路和资助困难群众,却舍不得为自己多花一分钱。到他去世为止,他每个月拿到手的工资只有900多元。他常说:"钱,生不带来,死不带去。办公益事业出点钱,我们也不得穷。"他的保温杯用了20年,外壳裂了,他用胶布缠了一圈又一圈;他最贵的衣服只花了90多元钱;在农民家吃饭,他最喜欢的是泡菜下烧酒;到县城出差,为了节省住宿费,他总是争取当天返回;到外地考察,为了节约差旅费,他就在过道上睡觉。他的身上充满了朴素、实在、真诚的农民本色,老百姓都亲切地称他"泥脚书记"。

除了镇上开会和赶场,邓平寿总是在乡下,不坐车,走一路,看一路,问一路,记一路。老百姓都说他"不架势"(没架子),给他编了一首《四子歌》:不坐车子,不戴帽子,不摇扇子,手上有块汗帕子。但是,他太累了,2007年年初,正在桑田里奔波的邓平寿倒下了,当时他还差3天才满51岁。噩耗传出,上万村民自发赶来,捧着他的相片,伫立在雨中为他送行。

大德无碑,谁把老百姓放在心坎上,谁心里装着老百姓,老百姓就把谁刻在心上。邓平寿用他有限的一生,谱写了一曲一心为民的壮美赞歌。

"铁法官"谭彦

他为政清廉,爱岗敬业,在身患重病的情况下仍然坚守岗位;他执法如山,常说"咱头顶着国徽,肩扛着天平,不能让肩上的天平倾斜"。他就是被群众誉为"铁法官"的大连经开区人民法院副院长谭彦。

谭彦于1960年出生在吉林省集安市一个普通的农家。怀揣着当法官的梦想,谭彦考入吉林大学法律系。1985年大学毕业后,谭彦主动放弃市区优裕的生活环境,志愿到刚刚起步的大连经开区工作。面对艰苦

谭彦

的创业环境和沉重的工作压力,这位从大山里走出来的农民之子,全身心地投入到火热的创业生活。没有宿舍,他以四面透风的工棚为家;电力不足,他在寒夜中点着油灯在冰窖般的工棚里工作。

法官的职责是公平办案,以自己的模范言行维护社会安宁和法律尊严。谭彦时刻牢记自己的神圣职责。有一次,谭彦接手一个盗窃案件,案子的被告人有个亲戚与谭彦的妻子贾丽娜是老同学。这位老同学找到谭彦的妻子,请她在谭彦面前说说情。老同学的请托让贾丽娜实在磨不开面子,虽然她知道自己的丈夫从来不徇私情,但还是试探性地对他说:"案情不大,能否破个例?"谭彦诚恳而坦率地对妻子说:"同学的情面再大也没有法律大,我不能

让肩上的天平倾斜啊！"

同许多法官一样，在办案过程中，谭彦也经常会遇到来自方方面面的压力，甚至是恐吓，但他从不屈服。1994年，谭彦在审理一起财产纠纷案时，被告认为谭彦的判决不能满足自己的要求，便在法庭上破口大骂："老子天不怕，地不怕，还怕你这个小法官。"随后被告又指使别人两次打电话威胁谭彦："你如果就这么判，咱们就走着瞧。"谭彦毫无惧色："我依法办案，你不服可以上诉。"被告慑于他的凛然正气，最终服从判决。

法律无情，但法官有情。谭彦常说："我们是人民法官，在法庭上，要忠实地捍卫法律的尊严；在法庭外，还要用自己的真情去感染和教育更多的人学法、懂法、守法。"他把人民法官的职责延伸到了法庭之外，建立了一套对缓刑罪犯的回访制度，定期把有关的法律书籍送给他们阅读，让他们不断增强法律意识，教育他们改造自己，重新做人。一个缓刑罪犯激动地对谭彦说："我与您非亲非故，您却对我比亲兄弟还亲，我再不好好改造，还是人吗？"永不失色的国徽，永不失衡的天平，永远怀揣着大爱，谭彦先后被授予"全国模范法官""全国优秀共产党员""中国杰出青年卫士"等荣誉称号，并当选为中共十五大代表。

繁重的工作拖垮了谭彦的身体。1989年，谭彦被确诊为严重慢性纤维空洞性肺结核。面对医生"必须长期全休治疗，否则最多能活5年"的忠告，他以惊人的毅力和死神赛跑，用更加忘我的工作来实践自己"活着就要工作，死也要死在工作岗位上"的铿锵誓言。在身患重病的情况下，他不仅带领干警多办案、办好案，自己还审理案件108起，高出院人均审案件数44%；结案105件，高出院人均结案率50%。结案率、调解率、无超审限等工作指标都名列全院第一，经他办理的案件无一发回改判。这一串串数字的背后，饱含着一个重病病人的惊人毅力和坚强意志，折射出的是一团耀眼的光芒！在谭彦的办公桌上有一段美国著名作家杰克·伦敦的名言："生命就如一朵火焰，渐渐烧尽自己。但当一个孩子新生了,他就得到一个新的火苗。"这段话引起他深深的共鸣,他的生命要为人民而燃烧。他的生命史上曾有这样的记录:连续高烧5天不退,却坚持4次开庭;1993年7月1日至1995年6月30日,扣除节假日,总共560个出勤日,谭彦因病请假48天,实出勤竟然达到512天,而这段时间恰恰是他病情非常严重、医生要他全休的日子。当他被同事们强行送到医院,医生看了他的胸透片后,竟不敢相信这个人还活着。可医生哪里知道,从法院过来时他还开了一天大庭。

在谭彦妻子贾丽娜的书柜里,有一本《中国共产党章程》是她特别珍视的。打开这本章程,扉页上是谭彦写给妻子的赠言:"热爱党,忠于党,与丽娜共勉。"2004年11月,谭彦的生命之火随时都有可能熄灭,由于气管被切开,几个月来他都发不出声音。他让守候在身旁的妻子拿来写字板,用颤抖的手写下:"感谢党和人民的培养和关怀,下辈子我也要跟党走……"没写完就昏迷过去了。几个小时后他又一次醒来,再次用尽全力写下:"作为法官,清廉如水是立身之本,秉公执法是生命之魂,枉法裁判是天大的耻辱!"随后又一次昏迷……11月25日,去世前3天,谭彦眼望妻儿,满含深情地写下:"感谢中央首长和各级党政领导,是党和组织给了我多次生命。"对党的忠实信仰和感恩情怀,"活着就要为党工作",是谭彦与病魔抗争的精神支柱。

谭彦用44岁的短暂生命,谱写了一曲不朽的生命赞歌,它是如此绚烂,如此美好,给人以温暖,给人以力量!

结　语

　　一个国家、一个民族、一个政党,乃至一个人,都要有一种信念支撑。这信念能让其拥有不竭的动力,让其不怕牺牲,排除万难,争取胜利。马克思主义的信仰就是中国共产党人的精神之"钙",就是中国崛起复兴的力量源泉!

　　正是坚定的马克思主义信仰,使得中国共产党人带领中国人民用28年的浴血奋战,完成新民主主义革命,实现了从几千年封建专制向人民民主的伟大飞跃。

　　正是坚定的马克思主义信仰,使得中国共产党人带领中国人民用近30年的艰苦奋斗,进行社会主义建设,完成中华民族有史以来最为广泛而深刻的社会变革,为当代中国的发展奠定了坚实的制度基础。

　　正是坚定的马克思主义信仰,使得中国共产党人带领中国人民开启了改革开放新的伟大革命,开辟中国特色社会主义道路,建立中国特色社会主义理论体系,实现了中国人民从站起来到富起来、强起来的伟大飞跃。

　　历史不会终结,信仰不会变色,伟大的长征精神将代代永传!